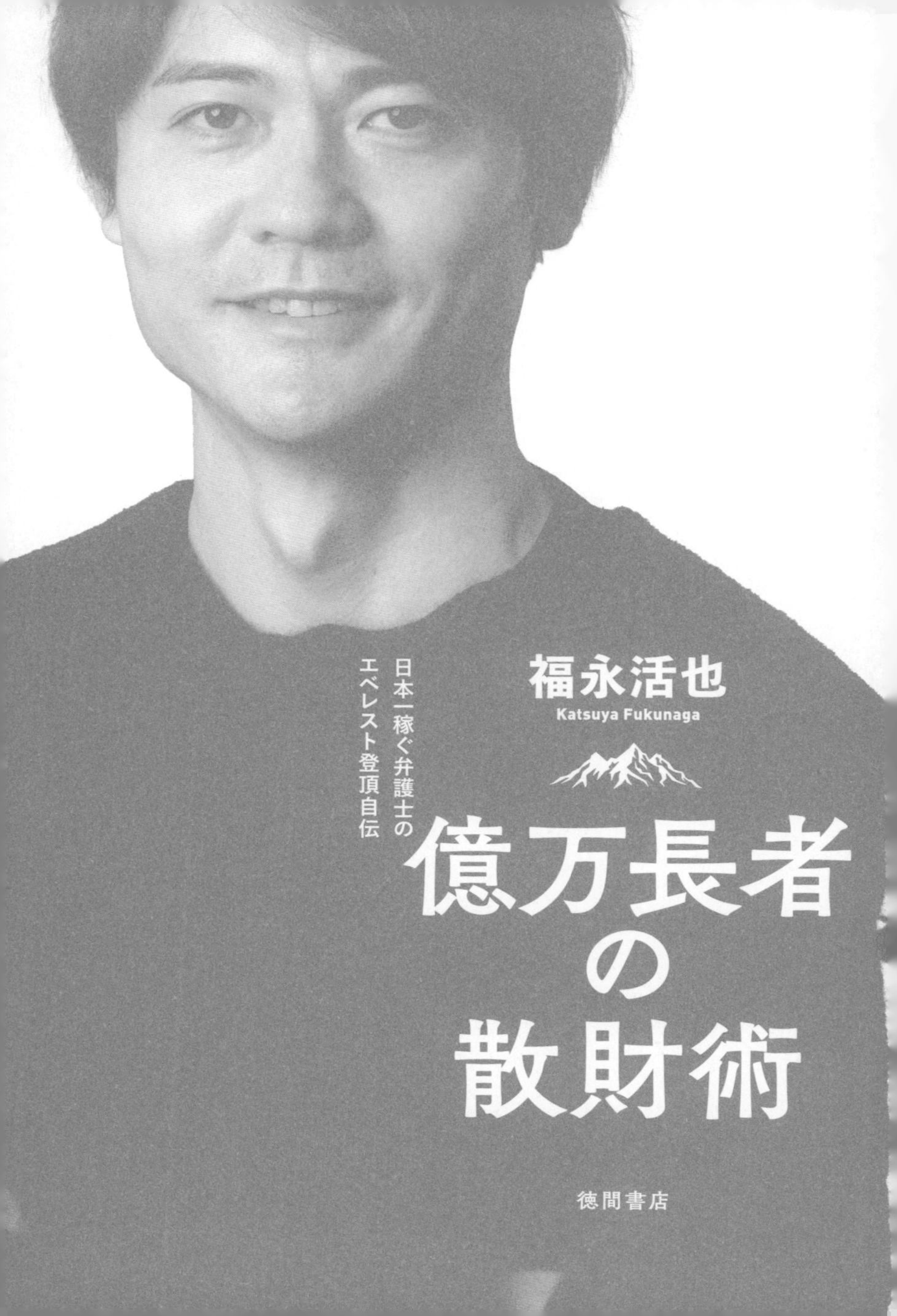

日本一稼ぐ弁護士の
エベレスト登頂自伝

# 億万長者の散財術

福永活也
Katsuya Fukunaga

徳間書店

# 億万長者の散財術

日本一稼ぐ弁護士のエベレスト登頂自伝

福永活也
Katsuya Fukunaga

# 目次

# CONTENTS

第1章

# バックパッカーとして挑んだアフリカ最高峰

CONTENTS

CONTENTS



## 第3章

# 真冬のエルブルスで臨死体験

## 第4章 エベレストへの道

CONTENTS

第5章

# 世界最高峰の頂に立つ

CONTENTS

CONTENTS

# 第6章

# セブンサミッツ制覇と2度目のエベレスト登頂

＊2025年1月20日、アメリカのトランプ大統領は北米最高峰デナリをマッキンリーに戻す大統領令に署名したが、本書では「デナリ」とする。

# 第1章

# バックパッカーとして挑んだ アフリカ最高峰

# 頂

ここが世界最高峰の頂だ。

標高8848m。自分より高いものは雲と太陽しかない。

眼下に広がる荘厳な景色の素晴らしさを表すだけの語彙を僕は持ち合わせていない。

エベレスト登頂までの道のりは、登山を開始してから登頂まで1カ月以上を要し、途中で同じ隊のメンバーが何人も病院に搬送された。リタイヤした人もいた。また、ルート上には過去に登頂を試みた登山者の遺体が何体も放置されている。

そんな過酷な行程を乗り越えてきた体験が、世界最高峰の頂からの景色を一層輝かせてくれる。

確かに一昔前に比べると、商業登山化により、少しでも安全で登りやすいルート開拓が進んだ。シェルパによる充実したサポート、フィックスロープの設置、登山道具や酸素ボンベの改良や軽量化のおかげで、エベレスト等の高所登山のハードルは格段に下がってはいる。

それでも毎年何人もが凍傷、脊髄損傷や死亡など大きな事故に遭っている。正確な統計を確認することは難しいが、毎年のエベレストでの死者数を登頂許可証の発行者数で割ると、今でも例年1~2%の死亡率だ。参加者のうち数十人に1人が死亡していると考えると、レジャーにしては依然高いリスクがあることは間違いない。

僕は2018年5月と2024年5月に二度もこのようなリスクを侵してエベレストに登頂した。過去2回で登頂に至るリスクに大差はないし、登頂時に眼前に広がる景色の美しさも大きな違いはない。

しかし、僕の感情は、1回目と2回目では全く異なるものであった。

1回目は、エベレスト登頂により得た経験をいかに今後の人生で生かしていこうかとワクワクしたが、2回目は登山への絶望を感じるのみだったのだ。

## 僕と山との出会い

僕が初めて登山をしたのは3歳の時だ。

僕の両親は合同ハイキング部で知り合って結婚した。父親が集合写真を撮影した際、撮った写真を参加者に配るために母親に連絡先を聞き、そこから交際に繋がったらしい。

そんな両親の下で生まれたこともあり、僕は幼少期から週末の休みには頻繁に登山に連れて行かれていた。

僕の幼少期の記憶は、いつも両親と登山に行っているものが大半を占めている。

何歳の時にどの山に登ったかは全く覚えていないが、大人になってから両親に聞くと、20

00m級であれば、3、4歳の頃には登っていたらしい。

幼少期の写真を見ると、まるで合成写真かのように岩の崖に小さい少年がへばりついているのがわかる。

山頂付近で他の登山者が幼い僕を見て、どうやってこんなところまで来たのか？　と驚かれることがよくあったようだ。

僕はこの質問に対して、雲に乗ってきたんだと答えるような陽気な子だったらしい。

僕自身は小学校低学年の時に富士山を登頂した記憶はあるが、その時は身軽すぎて、両親を待ちきれずに走って登ったことを覚えている。

そのまま登山を続けていけば、当時のエベレストなどの日本最年少記録を狙うことなんてあったのかもしれないが、僕は小学校4年生からは野球のリトルリーグに入団し、そのまま両親と登山に行くこともなくなり、休みの日は野球をする生活に切り替わっていった。

その後、中学でも高校でも野球部に所属し、大学になってからもサークルで野球を続けていたくらいだった。

再び僕が登山をするのは22歳になってからだった。

## 大学生の時にバックパッカーにハマる

僕は4年生大学に現役で入学したが、学業にはあまり集中できていなかった。

その分、アルバイトばかりしていて、少しお金が貯まる度に一人で海外旅行に出かけていた。

海外旅行に行くようになったきっかけは、高校卒業直後に家族で台湾に行ったことだ。

僕の家族は子供に単独で行動させることを教育方針としていて、僕にとって初めての海外旅行だったにもかかわらず、僕は親よりも1日早く台湾に行き、自分で台北市内のゲストハウスで1泊し、2日目に親のホテルで合流するという旅程だった。

今思えば、すでに18歳で、安全な台北市内に行くだけなので何が起きても大きなトラブルに巻き込まれる心配などないことはわかる。ただ、当時の僕にとっては多少スリリングな冒険のような体験だった。

ただ、そのような経験のおかげで、僕は一人で海外を放浪するバックパッカーに惹かれていくのだった。

大学生の4年間だけでも20か国くらいは旅していた。台湾の後は韓国に行き、その後、フランス、イギリス、ベルギー、ルクセンブルク等のヨーロッパ諸国、シンガポール、マレーシア、タイ、カンボジア、ベトナム、ラオス等の東南アジア諸国、アメリカ、メキシコ等を訪れ、2

003年3月の卒業旅行ではインドとネパールに行ったのだ。

卒業旅行時は、大学の卒業研究の発表を終えた翌日にインドに飛んだ。インドでは、首都デリーに滞在した後、タージマハルで有名なアグラ、ピンクパレスで有名なジャイプールを周り、ガンジス川沿いにあるバラナシに向かった。バラナシは町全体が活気に満ち溢れつつも、建物はボロボロで、川沿いの住居地区は迷路のように入り組み、あちこちに横たわる人や動物で溢れかえっていた。

当時は町中に粗悪なマリファナやハシシ（大麻の樹脂）を売りつけようとする売人が徘徊していて、外国人を見かけると宿泊先までしつこく付き纏ってくるような有様だった。

しかし、このような混沌とした雰囲気や、またガンジス川を聖なる川として生活する現地人との触れ合いこそがバックパッカーの醍醐味であり、当時のバラナシは世界中のバックパッカーの聖地と化していた。

途上国各国にはバックパッカー用のゲストハウスが多数あり、バラナシには日本人宿として有名なゲストハウスまであった。

## 技術開発がスリリングな旅の機会を奪う

特に人気だったのがクミコハウスで、1980年頃にインド人と結婚した久美子婦人がガン

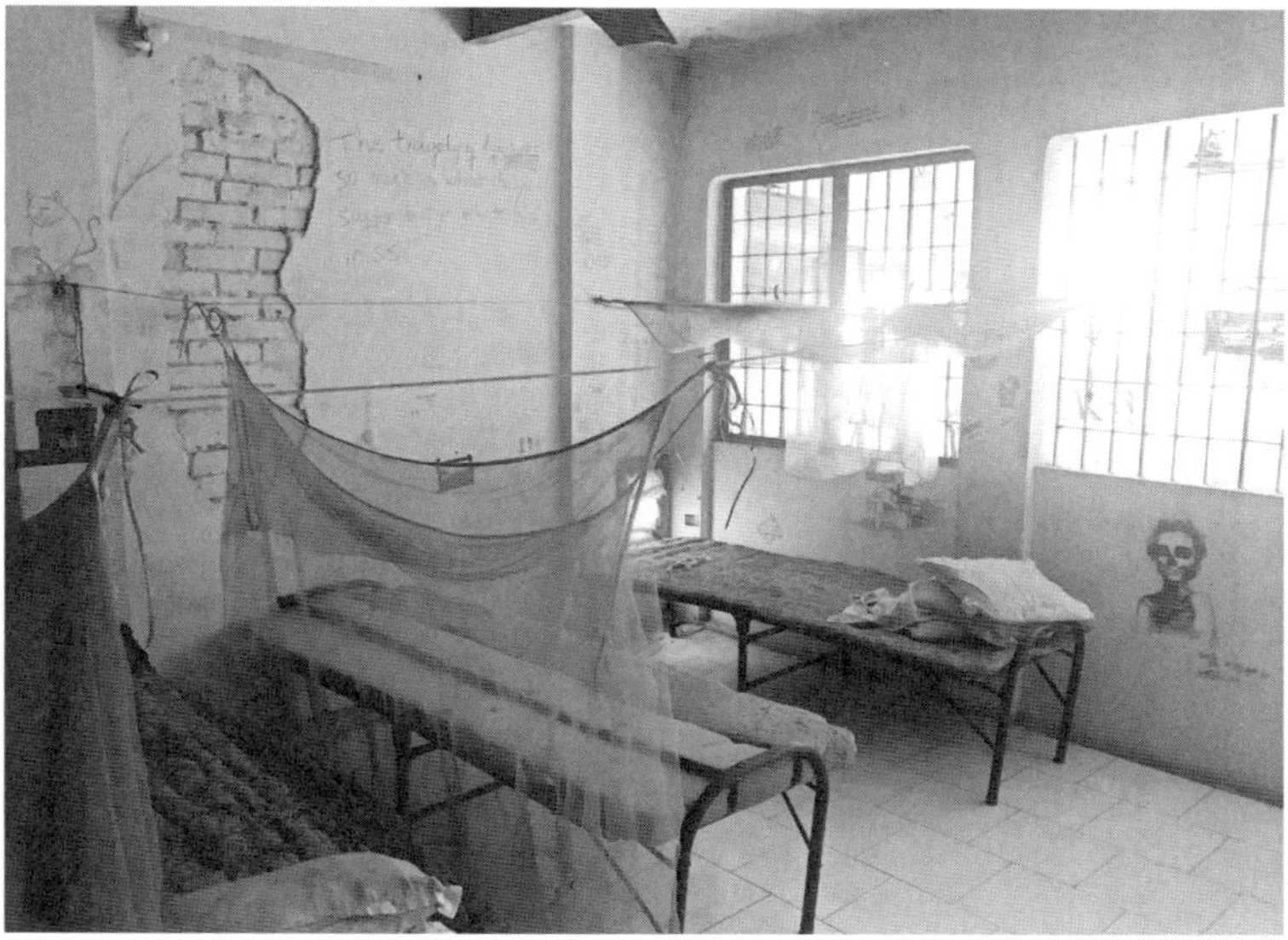

クミコハウスの一室

ジス川の真正面に経営するゲストハウスだ。

宿泊料は1泊数百円だったが、僕はそれさえ節約し、屋上で寝るからと100円程度で泊まっていた。

当時、大学生だったからといって、そこまでお金がなかったわけではないが、格安で旅をすること自体がロールプレイングゲーム感覚で面白かったのだ。

僕はクミコハウスには、計3回の時期にわたって訪れたことがあるが、今では日本人バックパッカーはほぼ宿泊しておらず、韓国人や中国人がたまに利用する程度で閑散としている。しかし、2003年当時は何十人もの日本人が同じ部屋で雑魚寝をし、夜な夜な旅情報の交換や、インド国内でいかにぼったくられたかを自慢し合っていた。

ネット情報もほぼない時代だったため、有名なゲストハウスには旅人が直筆で書き込む情報ノートが置かれており、情報ノート見たさに集まってくる人も多かった。

今ではネットで世界中の情報が得られるため、比較的バックパッカーもしやすくなったが、当時はこういった旅人同士の口授による情報伝達やアナログな情報ノートを頼るしかなかったのだ。

そういう意味では、もはや昔ながらのバックパッカーなどできない世の中になってしまったのかもしれない。

技術の発展は、世界中からスリリングな体験機会を減らしているようだ。

当時と今では旅人の雰囲気も随分変わったと感じる。以前は修羅場を潜り抜けてきたような人がたくさんいた。決して褒められるわけではないが、例えばクミコハウスの部屋の奥にはマリファナに浸かりきって狂ったような日本人も数人いたが、今は世界中のどこに行っても小綺麗な旅人ばかりだ。

さておき、僕はクミコハウスで情報ノートや、同じ宿泊者の旅人から旅情報を収集した。

すると、なんとインドの隣国ネパールの首都カトマンズには、世界一美味しいカツ丼があるという噂を耳にしたのだ。

## 遺体が流れるガンジス川

もちろん、日本を除いて世界一美味しいという意味だが、2003年頃はまだまだ海外にある日本食のレベルは低く、似ても似つかないような美味しくないものばかりだったのだが、複数人の旅人からそのような話を聞き、絶対にカトマンズに行ってみたいと思った。

バックパッカーは、有名な観光地も訪問するが、それと同様に、あるいはそれ以上に現地の食事や文化等にも興味を持ち、行き先を決める重要な要素とするのだ。

特にインド国内で散々ぼったくりや煩わしい物売り攻撃に遭い続けている旅人にとっては、そんなに美味しいカツ丼があると聞けば行かざるを得ない。

そして、たまたまクミコハウスで出会った日本人バックパッカーのムラ、潤ちゃん、よっちゃんを道連れにし、計4人でカトマンズに向かうことにした。ただ、ムラが酷い下痢になっていたため、ムラの体調が回復するのを待つことにし、1週間ほどはクミコハウスに滞在することになった。

クミコハウスの目の前からは毎朝、ガンジス川の対岸に移動する船が出る。毎朝、久美子さんの旦那さんが「船が出ます！」と大声で叫んで人を呼び集めていた。

僕も何度か対岸に遊びに行ったが、一度、インドのカースト制度の中で頂点に位置するバラモンに相当するインド人が来られたことがあった。その時は現地人がその人に一目会いたいと行列を作っていたので、僕達旅人も様子を見に行ったのだが、バラモンが滞在しているテント内を覗くと、太った中年のおじさんが汗だくであぐらをかいていた。

そして、現地人はその汗だくの太ったバラモンの足元にひざまずき、足を触らせてもらえるだけで歓喜して嗚咽《おえつ》している人さえいた。

カースト制度や現地の宗教を何も知らない僕が、彼らの文化を貶す意図はないが、単純に同じ人間同士でこんな階級制度が実社会に取り入れられたままであることに、ある意味感心してしまった。

ガンジス川はいつも汚く濁っているが、現地の人々はそこで体も衣服も食べ物も洗い、川と一体となって生活している。

川沿いでは火葬も行われているが、その遺灰もガンジス川に流している。一定の条件下で遺体をそのまま川に流すこともあり、僕がクミコハウスに滞在中にも白色化した遺体が岸に流れ着いていたことがあった。

僕は現在に至るまで、結局180か国を旅してきたため、今となってはインドはバックパッカーとしては初級レベルだったことがわかるが、当時は簡単には得難い特別な体験をしたような気になっていた。他の旅人の中にもインドに行って人生観が変わったと言っている人はたくさんいた。

さておき、バラナシを十分堪能したところで、ちょうどムラの体調も回復したことから、僕達はカトマンズに向かうことにした。

## ヒマラヤ登山の拠点・カトマンズ

インドのバラナシから長距離バスを乗り継ぎ、陸路で国境を超え、1日半がかりでネパールの首都カトマンズに到着した。

後に何度も挑戦することになるヒマラヤ登山では、カトマンズを拠点にすることが多いが、僕は今から20年以上も前からカトマンズに出入りしていたのだ。

当時のカトマンズと今のカトマンズでは大きな差はなく、特に登山者やバックパッカーが集うタメル地区は、大きな変化を遂げることなく、昔の姿をそのままに保っている。

バックパッカーだけでなく、世界中から登山やトレッキングの拠点地として利用されている街なので、登山のギアショップやツアー会社の事務所で溢れかえっている。

また、タメル地区を中心に、カトマンズにはなぜか日本食レストランが非常に多い。

2003年当時は「桃太郎」「ふる里」「味のシルクロード（あじしる）」が特に人気だったが、中でも桃太郎は2024年時点でも営業中で以前と変わらない人気を誇っている。

僕は、バラナシのクミコハウスでも一番推されていた桃太郎に直行し、早速カツ丼を注文してみた。

店のスタッフには日本人がいるようには見えないが、すぐさま料理が運ばれてきて、実食してみると本当にレベルが高く、日本の食堂で食べるカツ丼と変わらない味だった。

それまでインド国内で疲弊していた心身が、慣れ親しんだ味覚により蘇る思いだった。

また、この時、カトマンズではちょうどホーリーというお祭りが催されている時期だった。

ホーリーとは、ヒンドゥー教のお祭りだが、街中が歩行者天国状態で人々は水風船に塗料を入れたものを投げ合ったり、後半は塗料を水で溶いたものを直接顔や体に塗りあったりと街のあちこちがカラフルに染まる。

もっとも、外国人女性はお祭り行事を良いことに痴漢に遭うことも多いので注意しなければならない。

僕達旅人は男性４人だったので、思いっきり現地人に紛れ込んで、全身真っ赤になってはしゃいでいた。

カトマンズを堪能した僕達は、さらにクミコハウスで勧められたポカラにも行ってみることにした。

ポカラとは、ネパールではカトマンズに次ぐ第２の人口の街で、カトマンズから西に２００㎞ほど離れた場所にある。ポカラには美しい湖があり、また遠目にはヒマラヤが一望できるため、登山やトレッキングの拠点として人気だ。

僕達も、せっかくなので1泊2日の軽めの登山に参加してみることにした。僕にとっては実に10年以上ぶりの登山である。

## 神聖な山・マチャプチャレ

ポカラの市街地からヒマラヤ山脈が一望できるが、今回の登山ではポカラを拠点にヒマラヤの高山に直接アクセスするわけではない。

僕達にはそこまでの技術も体力も装備品も時間もないからだ。

ポカラからの登山やトレッキングにも様々な種類があるが、僕達はダンプスという、ヒマラヤの中でもアンナプルナというヒマラヤ中央にある山群の麓にある町に移動し、そこから1泊2日の登山に向かった。

山の名前も標高何メートルだったのかも覚えていないが、その山に登ること自体が目的というよりは、アンナプルナをより近くで眺めるための丘に登るようなイメージの登山だった。一番の目的は、アンナプルナの山群の中でも、標高6993mのマチャプチャレという山を拝むことだ。

マチャプチャレは、現地では神聖な山として崇敬の対象となっており、現在では登山が禁止されており、登山史でも、過去にマチャプチャレを登頂した人はいないとされている。

過去に、1957年にイギリス隊が山頂まで残り高度150mまで登ったという記録があるようだが、その際もネパール国王との間で登頂はしないという約束が交わされていたため、山頂には足を踏み入れていないらしい。もっとも、その後、1980年代にニュージーランドの登山家が無許可で登頂したという噂もあるが、いずれにしても今もなお、一般開放はされていない神秘的な山として知られている。

マチャプチャレは特にその姿が美しく、名前の由来がネパール後で魚の尾から来ていることからもわかるように、見る角度によっては本当に魚の尾のように映えている。

ダンプスからの行程は1泊2日だったが、宿泊したロッジの眼前に見えるマチャプチャレが夕焼けで染まる様は本当に幻想的で美しかった。

この時の登山は決して難易度は高くなく、僕達のメンバーの中には過去に登山を全くしたことがない人も含まれていたが、ヒーヒー言いながらも全員が予定通りの行程を順調にこなすことができた。

僕はもちろん楽勝に登り、時として現地のガイドよりも前に出て元気にサクサク登っていたので、「Ｋａｔｓｕｙａは特別強いから将来いつかエベレストに挑戦して欲しい」と言われたぐらいだった。まさか、実際にこの15年後にエベレストに登頂するとは、この時は全く想像さえしなかったが……。

道中、ガイドから「レッサムフィリリ」というネパールの国民的なラブソングを教えてもらった。

　無理やり日本語読みで、「レッサムフィリリ〜♪　レッサムフィリリ〜♪　ツーデラジャンキーダールマバーサン、レッサムフィリリ〜♪」という歌詞で、発音は適当だが、その曲調がなんとも馴染みやすく懐かしい感じで、みんなで繰り返し歌って覚えた。

　この「レッサムフィリリ」も、後にヒマラヤの高所登山に挑戦した際にネパール人シェルパに再び聴かされることになるのだが、この頃の僕はまだ高所登山を本格的に挑戦する選択肢すら持っておらず、自分にはヒマラヤを制するなど関係のない話だと思っていたのだ。

## フリーターでアフリカをバックパッカー

　インド、ネパールへの卒業旅行を終えて帰国した後の2003年4月、僕は新卒で住宅リフォームの会社に就職した。まともに就職活動をせず、大学4年生の卒業直前にドタバタで内定をもらって就職した会社で、業務内容は飛び込み営業だった。毎日、住宅街をひたすら歩き回り、片っ端からローラー作戦で一戸一戸インターホンを押し、「住宅の壁を塗り替えませんか」と提案して、アポ取りを試みる前線部隊だ。

　営業成績は割と好調で、100人くらいいた支店の中では2番目にアポ取りができていた。しかし、特に目的意識もなくふんわりと就職活動をして入社しただけの会社であり、何らやりがいも感じず、２か月で退職してフリーターになってしまった。

たまたま当時司法制度改革が叫ばれ、メディアやドラマやバラエティでも法律を扱う番組が増え、僕自身も法律を身近に感じるようになっていたことから、思い切って弁護士を目指してみようと思った。


当時は弁護士になるための司法試験の受験資格として、法科大学院に入学して修了しなければならなかった。そのため僕は、法科大学院の入学試験を受け、なんとか合格。２００５年４月から進学を予定していたのだが、それまで数か月の空白期間ができることから、僕はフリーターで貯めたなけなしの貯金をはたいてアフリカにバックパッカーに出かけることにしたのだ。期間は２００５年1月から3月までである。

もし順調に法科大学院を修了し、司法試験に合格して弁護士になってしまえば、数か月も仕事を休んで海外を放浪することなんて簡単にはできないと思ったからだ。


僕はまずエジプトに向かった。

首都カイロでピラミッドを見てから、ルクソール、アブシンベル神殿とエジプトを縦断し、それから空路でスーダン、エチオピア、ケニアと巡っていった。

ケニアでは、首都ナイロビに入り、国立公園のサファリツアーに参加したり、マサイ族の村を訪問したりした。

さらにその後、ナイロビから、タンザニアを経由してルワンダまで乗合トラックを乗り継いで陸路で移動した。

ルワンダに向かったのは、カイロのゲストハウスにあった情報ノートに、ジェノサイド（大量虐殺）に関する記述があったからだ。

## 内戦から10年後の町

ルワンダでは多数派民族であったフツ族と、少数派民族のツチ族が、歴史的には度々対立しつつも、共存を果たしていた。ところが1994年4月6日、フツ族出身の大統領が飛行機事故で死亡するという事件が起きる。この事件をきっかけに、フツ族の過激派を中心に、これはツチ族の仕業であり、大統領は暗殺されたのだといった憶測を下に暴動が起きた。翌7日、当時ルワンダ国内で唯一のラジオ番組であったラジオルワンダが「君達の力を見せる時がきた。ツチ族はゴキブリだ。今こそナタや鎌を持ち立ちあがろう」といった殺戮を扇動するような放送を流したことをきっかけに、暴動が一気に過激化、偏向化、先鋭化され、フツ族がツチ族の大量虐殺を開始してしまった。

それまで普通に隣人として暮らしていた2つの民族が、一時を境にジェノサイドに発展してしまったのだ。当時のルワンダには十分な銃器があったわけではなく、殺戮行為は、人々が日常的に使用していたマチェーテと呼ばれる農業で使用されるナタや鎌が用いられた。

その後、わずか100日間で、80万人から100万人が命を落とし、それは当時のルワンダの人口の20%近くに相当するとも言われている。期間当たりの死者数は歴史上でも最悪の結果に匹敵する。

国連が介入しきれなかったことも後世に課題と多大な反省を残す悲惨な出来事となった。

カイロの情報ノートにここまで詳しく書かれていたわけではないが、僕が中学生の頃に世界ではこんなことが起きていたのかと、そしてそれを知りさえもしなかったことに、恥ずかしさと申し訳なさを感じ、せめて現地を見てみないといけないという衝動に駆られたのだった。

そして、ノートにはルワンダのギコンゴロという町にムランビ虐殺記念館という施設があると書かれており、僕はそこを訪問してみようと思った。

こんな感じで、僕はバックパッカーをする際は、おおまかに期間と日本からの入国地と日本への出国地のみ決めてフライトチケットを購入するが、その間、どのように行動するかは現地での情報次第でその都度決めていた。

さて、僕は毎日10時間以上、乗合トラックを乗り継いで、1週間近くかけてようやくナイロビからウガンダを経由して、ルワンダの首都キガリに着いた。

内戦からまだ10年が経過していない頃であり、町はボコボコで、あちこちに内線の傷跡が残っているように感じた。道端では、体の一部が欠損した人が横たわって物乞いのようなことをしている光景を何度も見かけた。

僕はウガンダの国境からの長距離バスでキガリに着いたのだが、バスステーションの近くに大きな交差点があり、そこから放射線状に道路が複数伸びているが、虐殺された側のツチ族の村に続く道だけは全く舗装されずにガタガタのままだった。いまだに多数派が国を支配する影響力が残っているからだろうと感じた。

## ジェノサイドの爪痕に落涙

一方、驚いたのは治安が非常に良かったことだ。

僕がキガリに着いたのは22時過ぎで、そこからゲストハウスを探さなければならなかったのだが、当時も今もアフリカは一部を除いて全体的に治安が悪く、外国人が夜道を一人で歩き回るのは非常に危険だ。

しかも、その時僕は警察に見つかってしまった。

一般には警察が近くにいれば安心と思うかもしれないが、途上国では警察や軍人こそ、権力を振りかざして外国人から賄賂を要求したり難癖をつけたりと最もやっかいな存在である。

しかし、僕が出会った警察は、せっかくルワンダに来てくれた外国人である僕を、安全に宿泊先まで届けることが自分達の仕事だと言ってくれて、僕の宿探しまで手伝ってくれたのだ。

さらにキガリに来て驚いたのが、なんとネットカフェがあったことだ。

ボロボロのほったて小屋のようなカフェで、通信速度は極めて遅かったが、ネットが利用できた。

まだ町中がボコボコで、住居も泥と木材で無理やり建てたような家ばかりで、人々の身なりもボロ布を纏っているような人ばかりだったが、早くもインターネットの利用が始まっていたのだ。

ルワンダはその後、目覚ましい発展を遂げ、今ではＩＴ先進国となり、アフリカの奇跡とまで呼ばれているが、その原石はこの当時にも垣間見られていたのかもしれない。

それから僕はキガリからブタレという町を経由して、ギコンゴロという町に向かった。こういった移動もルートが全くわからないため、基本的には長距離バスターミナルで目的地を連呼しまくって、言われるがままチケットを買ってバスや乗合トラックに乗り込む感じだ。降りる場所もよくわからないが、運転手や周りの人に行き先を連呼しまくっていると、誰かがジェスチャーで指図してくれる。

無事にギコンゴロに着き、虐殺記念館に行くと、そこは先進国にある記念館のように綺麗な展示がされているわけではなく、写真やテキストによる展示物はわずかで、それよりも、虐殺された人々の遺骨の山、ミイラ化して白いカビで染まった１０００体以上の遺体、血で汚れた衣類、殺戮に用いられた凶器等が無造作に展示されていた。

僕がこれまで見てきたどの非人道的な歴史の遺物よりも、リアルであり、かつ、贋物のように見えた。そこにある負の遺物は全てが確実なリアルを物語っているのだが、あまりにも僕が経験してきたリアルの延長線上にない光景だったため、脳がフェイクに振り分けようとしたのだと思う。

無抵抗で殺されていった一人一人の無念さをわずかでも感じ取ろうと想像したが、僕の感情の器は瞬時に涙でいっぱいになってしまい、すぐに我に帰って無感情に引き戻されてしまった。ジェノサイドが残した痕を見せつけられた僕は、ルワンダを出て、タンザニアに向かうことにした。

## アフリカ大陸最高峰のキリマンジャロ登山に挑戦

僕がタンザニアに向かったことに特に目的はなかった。ケニア、ウガンダ、ルワンダと、中央アフリカにあるヴィクトリア湖の北側のルートを周遊してきて、フライトの関係で再びケニアのナイロビに戻る必要があったのだが、どうせなら同じルートを戻るのではなく、ヴィクトリア湖の南側のルートを辿ろうとしたのだ。

タンザニアでは、まず第2の人口の街ムワンザに移動した。

ムワンザに到着する前日、ヴィクトリア湖に繋がるムワンザ湾を船で渡ることになった。その船の待ち時間が数時間あり、船着場で時間を潰していたところ、たまたま現地人らしき青年

2人が目に留まった。

彼らの名前は今では忘れてしまったが、僕はバックパッカー中にはよく現地人に話しかけるので、この時も何気なく声をかけてみた。彼らは英語がある程度話せて、地元の高校生であることがわかった。アジア人と話すのが初めてだったそうで、僕を面白がってくれたので、そのまま僕は彼らと話し続け、船内でも一緒に過ごした。

ムワンザの街に着き、ゲストハウスを探す予定だったが、どうせ街中の安宿にお金を払うくらいであれば、この高校生にお金を払って泊めてもらおうと思い、打診してみた。すると、一人の子が承諾してくれて、彼の家まで連れていってくれたのである。

彼の実家は遠くにあり、今は親戚のおばさんの家に下宿しているとのことだった。僕は、現地の相場からしたら十分高い20米ドルを支払い、彼の家で一晩過ごさせてもらった。夕飯は彼のおばさんの家庭料理で、ヴィクトリア湖で獲れてムワンザでは有名なティラピアという魚を焼いて食べさせてもらった。

彼とは夜な夜ないろんな話をしたが、彼は僕に「これからナイロビに向かう途中でアルーシャという町に寄れば、キリマンジャロが見えるかも」と教えてくれた。キリマンジャロといえば、コーヒーのイメージしかなかったが、実はアフリカ大陸最高峰の山の名前だということをこの時知った。

標高を調べると5895mで、富士山より2000m以上高いわけだが、子供の時に富士山を楽勝で走りながら登っていたことから簡単に登れそうな気がした。

この時は、世界七大陸の最高峰の一つという概念すら持ち合わせていなかったし、特に登山に関して特別な関心もなく、子供の時に親によく登山に連れて行かれた記憶が断片的に残っているくらいだった。もちろん、登山の道具は一つも持っていないが、どうせ現地でレンタルできるだろうし、たまたまバックパッカーで訪れていたアフリカで、一番高い山ならついでに登っておこうかと気軽な気持ちで挑戦することにした。

## 登山の費用と難易度はトレードオフの関係

ナイロビを出てからここに至るまでに、1週間以上も毎日10時間程度の移動をこなし、疲弊はするものの体は動かしていないという物足りない状態が続いていたこともあり、体を使えるアクティビティはタイミング的にもちょうど良かったのだ。

そして、僕はムワンザからアルーシャに移動した。本来、キリマンジャロ登山にはモシという町の方がアクセスは良いが、僕はムワンザで勧められたとおりにアルーシャを拠点にキリマンジャロ登山のツアー会社を探した。

町には登山ツアー会社のオフィスがあちこちにあり、旅人が集まりやすい通りには客引きもうろちょろしていた。

僕はいくつかオフィスを訪問して、金額や旅程や貸し出ししてくれる装備品などをチェックして回った。

すると、キリマンジャロの登山に関しては、様々なオプションプランがあることがわかった。キリマンジャロはタンザニアの国立公園であり、入山料として1日当たり20米ドルが発生する。

また、ポーター（荷物持ち）やガイドに依頼する場合に、1日あたり、ポーターで10～20ドル、ガイドだと数十ドル要する。

そして、登山行程の日数は、一般的に可能なものでは、最短で4日、最長で7日となっている。日数は長くかけて登る方が体を高度に慣らせられるため、相対的に登山は安全で楽になる。ただし、日数を長くかければ、それだけ毎日発生する入山料やガイド料が高くなってしまう。

また、今ではポーターを雇うことが必須になっていると聞くが、当時は、ポーターを雇うかどうかは自由だった。そのため、自分で荷物を持って登るかどうかによって、登山の費用に大きな差が出ることになる。また、食事を自分で用意するかどうかとか、装備をどの程度のグレードにするかなど、基本的にはお金をかければかけるほど、登山が容易になる仕組みになっている。

さらに、費用総額が見積れたとして、それを現地のツアー会社との交渉によりいくらまで減額してもらえるかという交渉力により、最終的な費用金額が決まる。

このように、バックパッカーの間では、キリマンジャロをいくらで登ったかを聞けば、おおよそ何日で登り、ポーターを雇用したのかどうか、どのような装備を使ったのか、さらにどれだけハードな交渉力を有しているかなどが想像でき、金額に相関してクリアした登山の過酷さや旅人としてのタフさが推し測れる状況だったのだ。

## 420ドルで4日間の登山

だからムキになったわけではないが、僕はある程度格安で登ってやろうと思い、日数は4日で、ポーターは付けず、食事は他の登山者の余り物をもらい、水は町から運んだ水ではなく雪解け水を飲み、装備品もトレッキングシューズと手袋だけはレンタルしたが、後はバックパッカーとして元から持ち歩いていたナイロンの薄いレインコート等で臨むことにした。

逆にいえば、キリマンジャロはトレッキングポールもアイゼンも必須ではないので、登山技術のない素人が登れる世界一高い山と言われることもあるぐらい、技術的なハードルは低い山だ。とはいえ、稀に死者が出ている山ではあるので、もちろん油断してはならない。

さて、さきほどお話しした条件だと、初めは450ドルくらいを提示されていたが、たまたまその登山会社の担当者がムワンザの出身者だったことから、数日前にムワンザで高校生の家に泊まっていたことや、名産であるティラピアの話で盛り上がり、もう一声下げてもらって4

20ドルで参加できることとなった。

僕が知る限り、この価格でキリマンジャロに登った人を知らない。

そして、4日の行程の場合は、事前に国立公園に特別な許可を取りに行く必要があった。そのため前日に国立公園の事務所を訪問し、無事に許可を取り、翌日からキリマンジャロの山中に入っていくこととなった。

キリマンジャロの登山ルートは複数あるが、僕はマラングルートという最も一般的で小屋の設備もよく整っているルートを選んだ。比較的登りやすいことからコカコーラルートとも呼ばれており、一方、傾斜がきつくハードな登山となるマチャメルートはウォッカルートと呼ばれている。

僕の行程は、4日で登頂して下山する必要があるが、概ね以下の行程が予定されている。

初日に、アルーシャを早朝に出発し、キリマンジャロの登山口であるマラングゲートまで車で移動し、そこから登山を開始して標高2700mのマンダラハットまで登る。

2日目は、マンダラハットから標高3700mのホロンボハットに移動する。僕よりも日数をかける登山者はここで高度順応のために1日休養日を設けることもある。

3日目は、僕は、休養なしで、ホロンボハットから標高4700mのギボハットまで移動する。ここでも1泊余分に休養する人もいる。

そして、4日目の最終日は、深夜0時にギボハットを出発して登頂し、その後休憩なしで一気に下山をし、最終的に登山口まで降りてくる必要がある。僕よりも日数が長い登山者は、下山の際、ホロンボハットでの宿泊を挟むのが通常だ。

このような行程で、僕はポーターに依頼しないので、全ての荷物を自分で持ち、食事も自力で調達して準備しなければならないという条件だ。そのため、僕は前日に計4日分のスナック菓子等を買い込んで登山に臨むことにした。

## キリマンジャロ登山の開始

キリマンジャロ登山の初日、天候は良さそうだった。

ガイドがゲストハウスまで迎えにきてくれたので、早朝にアルーシャを出発した。特にトラブルもなく登山口に着き、予め取得していた登山許可証を提出し、登山を開始する。

初日は比較的優しい登山道で、森林地帯を登っていった。

僕のガイドはラサという名前で20代後半だったが、過去に何度もキリマンジャロには登頂していると言っており、本気を出せば1日で日帰り登頂できると自慢していて、頼もしかった。

ラサは僕に「これまでどんな山に登ったことがあるか?」と聞いてきたので、マウント富士で、4000m近くあると説明したら、彼は大したことがないなと笑っていた。

初日は、何時間くらいの登山だったか覚えていないが、日が明るいうちに目的地であるマンダラハットに到着することができた。宿泊する小屋はとんがり屋根で、数人で一緒に宿泊できるサイズのものが何棟もあり、それを利用させてもらった。

まだ高度は2700m程度であるし、高山病の気配も全くなく、疲れも特に感じなかった。といっても、この頃は高所登山の経験もなく、何が高山病なのかもはっきりわかっていなかったぐらいだったが。

翌朝、マンダラハットを出発し、順調にホロンボハットまで高度を上げた。

周囲は森林地帯から湿地帯に変わっていき、高度が低い地帯では草木が生い茂っていたのが、高度が上がるに連れて、段々痩せ細って色のない植物ばかりになってきていた。ジャングルから枯れた草原に移ったような感じだ。

この日も日中は比較的天気が良かったが、ホロンボハットに到着し、さらに付近を散策していた時にスコールに見舞われてしまった。幸い、体も装備品も大して濡れずに小屋に戻って避難することができた。

ホロンボハットの小屋は、マンダラハットの小屋よりもやや大きめだったが、僕は他の登山者2人と3人で利用することになった。

その2人のうち1人は今でもたまに会う日本人のゆうきで、もう1人は名前を忘れたが韓国人女性だった。年齢は3人とも同じくらいだ。彼ら2人は前日にホロンボハットに到着したが、高度順応のために1日休養日として停滞していたところ、僕が1日遅れで追いついた形である。

外は強い雨で出られないため、小屋の中で3人で話して過ごすことにした。

韓国人女性がいて日本語では話せないため、英語で会話をしていたが、次第に英語で話せるネタもなくなってきたことから、途中から「記憶しりとり」をしていた。「記憶しりとり」とは、自分より前の人の発言を全て覚えていきながらしりとりをするものだ。例えば、一人目がapple、2人目がapple、egg、3人目がapple、egg、goldといった具合である。3人とも割と強くて20単語くらい連なって覚えていったが、次第に正解がわからなくなったのでやめてしまった。

## 高度順応のカギは「ゆっくり登攀」

僕は粗末なスナック菓子ばかり持ってきていて、それを食べるつもりだったが、他の2人が依頼しているポーターが彼らのために作る食事の余りを分けて食べさせてもらうことができた。ただ水は、彼らは町から運んだ綺麗な水を飲めるが、僕は空のペットボトルで湧き水を汲んだり、さらに高度を上げた場所では雪解け水を飲んだりすることになり、その水はやや濁っていることもあった。

3日目の朝、雨は止んでおり、僕達はギボハットに向けて出発した。

僕はポーターがいないので自分の荷物を自分で運ばなければいけないが、ゆうきと韓国人女性はポーターを雇っていたので、行動中の軽い物だけを運べば良かった。

そのため、こっそり僕の荷物の一部を2人の荷物として、彼らのポーターに預けてもらった。

ギボハットに向かう道中は、高度が上がるに連れて植物はほぼ生えなくなっており、地面も砂漠のような乾燥した剝き出しの砂土に変わっていった。寒さも増し、霧で視界が遮られることが多くなった。

キリマンジャロは赤道近くにあるし、基本的に湿気が多く、蒸し暑い山だが、高度が上がるとさすがに乾燥して気温も下がっていくのだ。

僕とゆうきは元気だったが、韓国人女性は高山病なのか体調が悪くなってきており、また山中ですれ違う他のチームの登山者の表情も険しくなっていった。

いよいよ本格的に高所に向かっている雰囲気を感じるようになっていった。

僕はゆうきと、なんだか黄泉の国に迷い込んだみたいだといった話をしていた。

ラサからは、高所で体を慣らすためにはゆっくり登ることが大切だと言われていた。

そのため、僕は体がどれだけ元気でも、意図的にゆっくりゆっくり半歩ずつ登っていった。

今思えば、それだけでなく、呼吸の仕方や水を飲むことなど、他にも大切なことはいくらでもあるが、この時は僕には経験も知識もなく、せいぜいそれぐらいしか高山病対策をしていなかった。

僕達はなんとかギボハットに着いたが、すでに18時頃になっていた。ギボハットは、これまでの小屋と違い、１つの大きめの建物に何十人もが空間を共有して利用するものだった。

## 同行者が高山病でダウン

僕達は、この後、夕飯を食べてから軽く寝て、深夜24時には頂上に向けてアタックを開始する予定だ。なお、頂上のことをサミットといい、サミットに向かう日の登山のことをアタックという。

しかし、いざ夕飯を食べてから、体を休めるために就寝しようとしても、寒くてなかなか寝付けなかった。

登山者は各自の寝袋を持ってきて利用するのだが、僕はバックパッカーのために利用していた、ウールがほとんど入っていないほぼビニールのみの薄い寝袋しか持っておらず、これでは十分寒さを凌げなかったからだ。

また、この時は気がついていなかったが、高山病で血中酸素飽和度（SpO2）も落ちていただろうと思う。

さらに、トラブルが起きており、それは同じチームの韓国人女性がずっと苦しんでいて、時々、叫び出すようなこともあったのだが、ついに小屋の中で吐いてしまったのだ。

女性は、緊急のレスキューが必要なほどではなさそうだったので、一応は安心しつつ、僕もゆうきも同じチームではあるが、所詮、高所登山の経験もないただの参加者に過ぎないことから、ラサに対応を任せるしかなかった。

またドライではあるが、僕達は結局各自のやりたいことのために費用も時間もかけ、リスクを取って登山をしているわけだし、最終的には自己責任で対応するしかない。

ラサから聞いた話だと、日本人は比較的登山経験があって登頂率は高いが、韓国には２０００ｍ以上の山がないこともあってか、韓国人は登山経験が少なく登頂率が低いとのことだった。

僕は自分の体調管理で手一杯なこともあり、あまり彼女をサポートしきれなかった。それでも同じ空間の中で吐いてしまった彼女をラサが面倒を見たりと騒々しく、僕は結局、一睡もできなかった。

## キリマンジャロのアタック

24時頃になると、他のチームの登山者が動き出し、順にアタックを開始して小屋を出ていった。

僕とゆうきも同じタイミングで準備を整えて出発しようとしたが、韓国人女性は疲弊してしまったのか動けない状態だった。

そのため、僕達は彼女を小屋に残してアタックに向かうことにした。

3人だったチームが、僕とゆうきのチームと、小屋に残った韓国人女性とで分離してしまったことから、チームをサポートしてくれていたラサやポーターも分割してそれぞれ帯同してもらうことになった。

さて、僕とゆうきは順調に高度を上げていったが、引き続きラサの教えを守り、ゆったりとしたスローペースで登っていった。

しかし、真っ直ぐに伸びる道を登っている時は良かったのだが、ハンスメイヤーズケーブと呼ばれる傾斜がきつい斜面を蛇行して登る辺りから、他の登山者からどんどん置き去りにされるようになり、ラサさえ先に行ってしまった。

僕とゆうきだけが登山者の群から離れてしまうといけないと思い、ゆうきと話し合ってここからはスピードを上げて登ることにした。

特に僕はヘッドランプすら持っておらず、他の登山者の近くにいて、彼らのヘッドランプの灯りを頼りに登らなければならなかったので、集団から離れるわけにはいかなかったのだ。

傾斜も少しずつ急になっていき、次第に雪や氷の上を歩くようになっていった。

今ではキリマンジャロはほぼ完全な土山のようだが、当時はまだ山頂付近には氷雪が残っていた。

僕はトレーナーとセーターを重ね着し、その上に薄いレインコートを羽織っているだけだったため、吹雪くととても寒く感じたが、この時は凍傷という概念すらなかったので、指先を保

キリマンジャロ山頂に立つ

護する意識は全くなく、ざっくり寒かった記憶があるだけで、具体的にどの程度の寒さだったのかをちゃんと記憶できていない。

さておき、体は元気だったので、眠気を押しつつ、標高4700mにあるギボハットから、標高5685mにあるギルマンズポイントという地点まで登り進んできた。

ここまでは比較的傾斜がきつい登山だったが、ギルマンズポイントからウフルピークと呼ばれる標高5895mの山頂までは、比較的緩やかな登りの行程となるが、さらに2時間くらいはかかるようだ。

登山者によってはギルマンズポイントへの到達をもって下山する人が結構

いたが、僕達はもちろんウフルピークを目指した。

途中、体は元気なのだが、激しい眠気が襲ってきて、平坦なルートは目を瞑《つぶ》って歩いたりしていたら、立ったまま うっかり寝落ちして転びそうになってしまった。なんせ前日もホロンボハットからギボハットまでの登山をこなしつつも、一睡もせずにアタックで歩き続けて、すでに朝の時間帯だ。眠くなるのも仕方がない。

ただ、この時自分では気がついていなかったが、高山病の影響があったのかもしれない。

その後、何とか無事にウフルピークに到着することができたのである。

## 襲いかかる頭痛

アルーシャでキリマンジャロ登山のツアーに申し込む際に、頂上からはサバンナが一望できて、その景色は生涯忘れられないといった口コミを読んでいたので期待していたが、実際は雪と氷の世界で、吹雪いていて視界は数十メートル先しか見えず、また山頂は霧で覆われていて、景色なんて全く見えなかった。

登頂した感想は、まぁこんなもんかといった程度であまり感動はしなかった。

ゆうきから、彼が持っていたデジカメで写真を撮って欲しいと頼まれたが、バッテリーが凍結していて使えなかった。僕は、当時はまだフィルムの使い捨てカメラを利用していたので、寒さの影響なく写真撮影ができ、ゆうきの分も撮って、帰国後に郵便で送ってあげた。

そして、僕達は下山を開始したが、徹夜による眠気も一山越えたのか、割と速いペースでどんどん降っていくことができた。

途中でゆうきが僕についてこられなくなり、僕はラサとも離れて一人でギボハットまで一気に降りてしまった。

ギボハットに到着すると、さすがにさらに一人で勝手に高度を下げるのは危ないと思い、そのまま仮眠してしまうことにした。徹夜明けで、キリマンジャロに登頂し、もう昼頃になっていたがようやく眠りにつくことができる。

そして、少ししたらゆうきとラサがギボハットに戻ってきたので、僕はラサと2人でさらに一気に下山することにした。

ゆうきは、元々、6日間のプランだったため、登りはホロンボハットで2泊しているし、降りもホロンボハットで1泊を挟むので、あまり急ぐ必要はないようだった。

ちなみに、僕はギボハットで少し仮眠してから起きた際、猛烈な頭痛に見舞われ、風邪でも引いたのかと思い、日本から持参していた市販の風邪薬を飲んでいた。それが下山中に頭痛がなくなったため、薬が効いたんだなと思っていたが、今思えば、この時の頭痛は高山病で、僕がロッジに着いた直後にすぐに寝たことから呼吸が浅くなってSpO2が落ちていたのが、下山により回復しただけだったのだろうと思う。

## 18時間歩く弾丸下山

降りは高度順応を気にせず自分の好きなペースで歩けば良いので、早歩きと軽いジョギングの間くらいのペースで小走りに降り続けた。行きと全く同じ道だったのかはよくわかなかったが、少なくともほぼ同じ景色の道を降り進むだけなので、あまり面白くはなかった。

ただ、体はさすがに疲労困憊で、特に足の裏の皮がどんどん破けてめくれてきた。

僕はトレッキングシューズだけはレンタルしていたが、靴下は登山用の厚手のソックスではなく、日本で日常生活に利用している普通の靴下だったので、靴下が引きちぎれるように大きな穴が空き、踵《かかと》や指先は剝き出しになってしまっていた。

足の裏が痛くて足を地面に接地させるのが辛くなってくるため、わざとつま先だけで歩いたり、踵だけで歩いたり、左右の片側だけに体重をかけたりと、足の裏の皮が残っている部分だけをうまく使い、また体重をかける箇所を定期的に替えていく意識で歩き続けた。

結局、登山口に戻ったのは18時半頃で、ギボハットでのほんの少しの仮眠を除くと、徹夜で18時間くらいを休みなく歩き続けたことになる。ただ、無事に下山できたことに多少は安堵することができた。

それから車でアルーシャに戻ったが、その日の夕飯は登頂祝いということで、ラサの家に招いてもらい、家庭料理を振る舞ってもらった。

キリマンジャロのような人気のある山は、登頂すると登頂証明書をもらえるが、ギルマンズポイントまで登った場合と、ウフルピークまで登った場合で証明書の縁の色が異なっており、僕はウフルピークまで登った金色の登頂証明書をもらった。ただ、その後もバックパッカーは続くので、その場で捨ててしまうのだが……。

僕はこれで世界七大陸最高峰の一つであるアフリカのキリマンジャロを制したわけだが、登山に特別な興味があったわけではなく、バックパッカー中の一つのアクティビティという感覚で登頂しただけだった。そのため、キリマンジャロ登頂後、次に海外で登山をするのは10年以上も後のことになる。

ちなみに、後日談で、ゆうきから聞いた話だが、一緒のチームだった韓国人女性は僕達から随分遅れて無理やりアタックをして登頂したようだったが、その後、ギボハットに戻った際には力尽きて動けなくなり、レスキューされたようだった。登山に無理は禁物である。

## 弁護士業務とアーリーリタイヤ

僕は大学卒業後のフリーター期間でキリマンジャロに登頂していたが、その後、予定どおり法科大学院に入学し、3年コースを修了後、司法試験に合格した。司法試験合格後は、東京で

1年半の司法修習（法曹養成のための研修）を受け、無事に弁護士資格を得て、東京にある大手の法律事務所に就職した。

弁護士としての業務は様々あり、特に弁護士1年目は年に一度も二日連続で休むことなく、毎日朝10時から深夜24時頃まで働くという環境だったが、どれもとても楽しくて充実した毎日だった。

僕はひたすら弁護士としての業務に熱中し、海外にバックパッカーに行くことや、登山のことなんて全く頭の中にはなくなっていた。あくまでも社会人になるまでの過去の経験の一つくらいに思っていた。

そして、僕に転機が訪れる。それは、弁護士2年目の時に起きた東日本大震災だ。

震災の被災事業者を支援するために、国の機関として東日本大震災事業者再生支援機構が立ち上げられ、僕はこの機関へ出向に行かせてもらえることになった。

僕はこの機構に所属していた期間に、震災の被災者支援への興味を深め、被災地を複数回訪れ、被災地復興支援へ注力していくことに決めた。そして、多様な業務を扱っていた所属事務所から独立し、当面、東日本大震災の被災者支援を集中的に扱うようになっていったのである。

中でも僕は東京電力（東電）が管理していた原子力発電所の事故による放射能汚染の被害に着目した。

東北地方で長年、水産物や農産品を扱ってきた事業者の方々は、原発事故の風評被害でいきなり物が売れなくなってしまった。

この被害は東電に法的責任があることを前提に、僕は被災地の事業者を何百社と束ねて東電に対して損害賠償請求を行なったのだ。

その結果、150億円程度を回収することができた。

この成果に対して、僕は弁護士業界の相場からすれば6割程度の安い報酬率で弁護士報酬を頂戴したが、それでも20億円を超える相当な報酬金額になった。

僕はそれまで弁護士業務をお金のためだけではなく、自己成長や自己実現や社会貢献等、様々な目的で取り組んできたが、この成果により、現にリタイヤするには十分な経済力を獲得したことも事実だった。

そこで、僕は改めて自分の人生を振り返り、お金や時間の制約を取っ払って考えた場合に何がしたいのかを自問自答した。

僕は直近5年間くらいを弁護士業務だけに専念してきた。

しかし、元々ちょっとした思いつきやきっかけで弁護士を目指しただけで、弁護士を生涯の肩書として生きていくようなつもりは全くなかった。

そして自分の人生で過去の経験を振り返ってみると、海外のバックパッカーが楽しかったことを思い出した。

一方、僕はこの時までに、大学卒業後のフリーター期間でアフリカを周遊した後にそのまま中東を巡っていたし、法科大学院卒業後に司法試験を受けてから合格発表までの数か月間では南米を巡ったり、司法修習を修了してから法律事務所に就職するまでの1か月ではヨーロッパ全体を周遊したりと、世界中をある程度網羅的に広範囲にわたって旅していた。

その旅の中では、イスラエルの戦地にも行ったし、アマゾン川のジャングル内でキャンプをしてピラニアを釣って食べたこともあったし、北朝鮮も訪問していた。

どれも楽しかったが、初めての台湾旅行の時は空港に行くだけでもスリルがあったのに、今はアフリカや南米を一人で駆け巡っていてもあまり刺激を感じなくなっている。

いくら途上国や僻地といっても、所詮は現地には人が住んでおり、人が生物的に生存しやすい環境ばかりを訪問していたに過ぎない。

そこで、人が生存しづらい極地を目指してみようと思った。

それが、南極だった。

# 第2章

# 南極大陸へ

## 南極に向けて

一口で南極に行くといっても、そのアプローチ方法は複数ある。

そもそも南極とは、南緯約66度33分よりも南側の部分全てを指し、南極クルーズ船では、単にこの南極の海域に入るだけのものもある。また南極大陸は日本の約37倍もの面積があり、大陸内でもどこに行くかによって行き方や目的は大きく異なる。

僕は南極の沿岸部だけではなく大陸内部に行ってみたかったし、また行くだけでは面白さがないから、南極で一番高い山に登ってみようと思った。その山はビンソンといって標高4892mだ。

僕はこの時、バックパッカーで過去に訪問した国々や地域を回想していた。10年以上も前にアフリカ大陸最高峰のキリマンジャロに登頂していたことを思い出すと同時に、ビンソンはキリマンジャロより標高が低いから楽に登れるだろうと何となく思いついたのだ。

さらに、世界の大陸最高峰を調べてみると、世界にはアジア、ヨーロッパ、北米、南米、アフリカ、オーストラリア、南極の7つの大陸があり、世界七大陸の最高峰を全て制覇することをセブンサミッツと言い、登山家の中では一つの記録になっていることを知った。ただし、この時点でセブンサミッツを制覇する発想は全くなく、そんなことができるとも思っていなかった。

とはいえ南極はオーストラリアに近いし、オーストラリア大陸の最高峰、コジオスコは標高わずか2228mに過ぎない。高度的には簡単に登頂できそうなことを考えると、南極大陸の最高峰と合わせて登れば、三大陸制覇となる。「七大陸のうち三大陸制覇なんて、なんとなく凄いじゃないか」――そんな軽い気持ちで南極大陸最高峰のビンソンを目指したのだ。

また、それまでオセアニアには行ったことがなかったので、バックパッカーとしてオセアニア訪問を兼ねることができるのも良いと思った。つまり、行ったことのないオセアニアと南極にそれぞれ行けて、さらに両大陸最高峰に登頂することで一端《いっぱし》の登山家っぽく語れるのが趣味として面白いのではないかと思ったのだ。

## 南極最高峰前に

そして、南極に行くための方法を調べていると、どうやらビンソン登山には、アメリカのソルトレークシティに本社のあるALE（ANTARCTIC LOGISTICS & EXPEDITIONS）という会社が独占的に扱っていることがわかった。

日本の会社も南極登山を手配しているが、全て代理店であり、日本の会社にガイドを依頼する場合も、結局はそのガイドもALEから見れば客と同じ扱いで、現地のガイドにお世話になることになる。

当然、日本から同行するガイドの料金を他の客で割ることになるし、代理店手数料が上乗せされるので、単純に値段は高くなる。そのため、英語がある程度話せるのであれば、自分で直接ALEに申し込みをするのが良い。

また、後でわかることなのだが、ALEには宮崎よしこさんという日本人も働いており、その方を繫いでもらえれば日本語対応も可能だ。

ただ、僕は初めて南極ツアーに申し込んだ際にはこういった情報が一切なかったことから、後にお世話になるアドベンチャーカイヅ（AG）から独立した黒澤徹さんが経営するアトラストレックに間に入ってもらうことにした。

ビンソン登山の費用は4万米ドル（当時のレートで約500万円）で、これに南極への発着地点となるチリのプンタアレーナスまでの移動費が加算される。

また、南極ツアーの日程は毎年11月後半から2か月程度しかない。それ以外は気候が荒れ過ぎてしまうからだ。僕は、12月末頃から南極ツアーに参加することに決めたが、実際に南極に行くまでに、いくつか練習登山をしておこうと思った。なにせ、この時35歳だったが、23歳でキリマンジャロに登頂した以降、ほぼ登山をしていなかったからだ。

せっかくなので海外登山で調べてみると、まずはオーストラリア大陸最高峰のコジオスコは時期的にちょうど登山可能ということがわかった。さらにビンソンに近い標高で、パプワニューギニアにウィルヘルムという標高4508mの山の登山ツアーが企画されているのを見つけたので、これらに申し込むことにした。パプワニューギニアにも行ったことがなかったというのもこの山に登ろうと思った決め手の一つだった。

## コジオスコ登頂

前述したようにコジオスコは標高2228mでセブンサミッツでは一番低く、ハイキングくらいの感覚で登れる山だ。

冬季はスキーリゾートとして利用されているが、オーストラリアは日本とは季節が逆なので、冬季ではない10～4月が登山に向いているため、僕は2015年10月終わりに登ることにした。現地ガイドを手配して、費用は10万円前後だった記憶だ。

場所はオーストラリアのメルボルンとシドニーの間にあり、僕は日本からメルボルンに行き、そこからガイドの車でコジオスコに向かった。

メルボルンからコジオスコの麓スレドボまで半日のドライブで移動し、ここで1泊する。

翌日、ゆっくり登っても往復4時間程度でコジオスコに登頂して下山できた。服装も普段着で十分なくらいで、靴もスニーカーだった。

頂上には石のモニュメントが設置されており、この上に乗って写真を撮るのがお決まりのようだ。

下山してそのままメルボルンまで戻った後、さらに僕はエアーズロックに移動した。

エアーズロックとは、オーストラリア大陸のほぼ中央に位置し、世界最大級の一枚岩だ。エアーズロックの名称は西欧人が名付けた呼び名で、今は先住民による呼び名のウルルと呼ばれている。

僕はウルルにも登ろうとした。なぜなら当時すでにウルルは登山が禁止されることが噂されていたからだ。実際、２０１９年10月26日から登山禁止となっている。

ウルルの登山は往復で2時間程度であるが、鎖場の急な斜面を登る必要があって、死亡事故も起きているぐらいのルートなので、コジオスコよりも遥かに大変だった。

## ウィルヘルム登頂

ここで、「セブンサミッツ」とオーストラリア大陸の関係を話そう。オーストラリア大陸の考え方については複数の見解がある。そもそも正式な定義などないため、見解が分かれるのだが、まずは大陸という定義にこだわって、オーストラリアの最高峰であるコジオスコをセブンサミッツに含めるべきという見解がある。おそらくこれが最も主流の考え方ではないかと思う。

しかし、お話ししたとおり、コジオスコはあまりに簡単な山であるため、登山家の勲章の一つにもなるセブンサミッツの一員にはふさわしくないという考えから、オーストラリア大陸ではなく「オセアニアの最高峰」で定義しようという見解がある。

この場合、インドネシアの最高峰である標高４８８４ｍのカルステンツピラミッドとするのが有力だが、インドネシアはオセアニアには含まれないと考えて、パプアニューギニアの最高峰であるウィルヘルムがセブンサミッツの一つだと考えるマイナー説もあるのだ。

こういうセブンサミッツ論争を意識したわけではないが、ウィルヘルムは標高４５０８ｍあり、標高４８９２ｍのビンソンの前哨戦としてちょうど良いと思い、練習登山に選んだ。しかし、実際は雪山かどうかで難易度は遥かに異なり、全く練習になっていなかったのだが。

さて、僕は２０１５年11月に現地ガイドにお願いして、ウィルヘルム登山に挑戦することにし、まずはパプワニューギニアの首都ポートモレスビーに飛ぶ。さらに国内線でゴロカという町に移動し、ここで1泊した。パプアニューギニアは全体的に治安が良くないため、夜間はホテルを出ないようにとガイドから言われた。

２日目はゴロカを出て、ウィルヘルムの登山口にある標高２５５０ｍの村ケグスグルまで車で移動し、さらにここで1泊した。

３日目からいよいよ登山開始となる。湿地帯を何時間か歩き続けると、標高３５５０ｍにあるピウンデ湖畔にあるロッジに着き、ここで宿泊。

翌未明からアタックを開始し、比較的急勾配の岩場を登り降りしつつ高度を上げ、途中、頂上が見えたと思ったら偽頂上だったという登山あるあるを何度か経験しつつ、無事に登頂できた。

その後、ピウンデ湖畔まで下山して1泊し、翌日に一気にゴロカまで戻った。

ゴロカでは、登山ツアーとセットになっていた民族ダンスを見学したりして、翌日以降に帰国の途についた。

## 南極装備で立山へ

コジオスコとウィルヘルムで登山の練習をしたが、雪山登山は全く経験がないままだった。

南極ツアーでALEに申し込みをしていたが、その際、登山経歴書の提出をしたところ、雪山登山の経験がないため、ビンソンに挑戦する前に南極の基地の周りで雪山トレーニングに参加することを義務付けられていた。ちなみにそのトレーニングの参加費用も1・5万米ドルくらいはした記憶だ。

現地で雪山登山の練習はできるものの、国内でも少しは訓練しておこうと思い、アトラストレックの黒澤さんに相談したところ、富山県の立山で練習しようと言われ、一緒に行ってもらった。

練習の目的は、南極での装備に慣れることと、雪山でそれを使いこなすことである。

事前に南極で使う装備品一式を神保町の石井スポーツ登山本店で購入していたが、一番厚いダウンは宇宙服のようなボリュームだし、靴はLA SPORTIVA社のオリンポスという三重構造で防寒に優れているが重たく歩きにくい高所靴だ。これにアイゼンをはめて登山をすることになる。

ちなみに、購入した装備品は、上下フルのダウン、三重構造の高所靴の他に、アイゼン、ヘルメット、トレッキングポール、トレッキングシューズ、厚手のミトン手袋、ゴアテックスの手袋、やや薄手の手袋、細かい作業用の薄い手袋、フェイスゴーグル、サングラス、ニット帽と日焼け防止用の360度のツバのある帽子、バラクラバ、フェイスマスク、上下シェル、フリース、ミドルレイヤー、ベースレイヤー、厚手と薄手のソックス、サポーター、バックパック等だ。

特に注記しておきたい装備品として、靴やソックス関係は高所では足がむくむため、少し大き目を購入すると良いのと、サミット用だけの新品ソックスを用意した方が良い。フェイスゴーグルは凍結防止の熱線がついているものもあるが、実際にはそこまで使う必要がないので不要。フェイスマスクは顔の凍傷防止にも日焼け防止にもなるので有用。バックパックは酸素ボンベが縦に入るサイズのものが必要で、雪山でも目立つようなカラフルな色が良い。

ベースレイヤーは、ユニクロのヒートテックをさらにパワーアップさせたようなもので、これ次第で保温力は全く変わるのでかなり重要。サポーターも膝の負担はボトルネックになりがちなので、自分に合ったものが見つかると登山は凄く楽になる。

さて、11月後半の立山は十分な雪が積もっており、雪山登山のトレーニングには申し分なかった。南極の装備を身に纏って、斜面を登り降りしてみたが、ダウンは馬鹿でかいし、靴は大きくて底も厚いので接地の感覚が掴みにくくて、初めは何度も転んでしまった。おまけに、靴のサイズが自分の足に合っていなくて、足の甲の外側で靴にぶつかる箇所が痛過ぎてまともに歩けなかった。

聞くところによると、高所靴は、ヨーロッパ人に合わせて製造されているが、彼らは足が細長く、一方、アジア人は扁平足のような平べったい形状の足が多く、僕と同様の症状が出る人が結構いるらしい。

結局、足と靴がぶつかる箇所をキズパッドやテーピングで何重にもカバーして、部分的な薄いギプスのようにして対応することにした。さらに、靴を業者に出して、中側から外に押し広げるような加工もしてもらった。その上で、靴の紐を絞めるとそれだけ足の両側が狭まって圧迫されて足が痛くなるため、紐はほとんど結んでいない状態で使用することにした。

体力には自信があるため、足が痛くて歩けないといったことさえなければ、多少、靴が歩きにくくても登りきれると思っていた。

## いざ南極へ

いよいよ12月になり、南極に向かうことになった。

手続きとして、南極条約に従って届出をする必要があるため、環境省に届出をした。

12月4日に成田を出発し、シアトル、ヒューストンと乗り継いで、チリの首都サンチャゴに入り、さらにチリの最南部にあるプンタアレーナスに向かう。ALEが運営する南極へのフライトはプンタアレーナスから出発するからだ。

プンタアレーナスでは、ALEのオフィスに行き、荷物等の最終チェックをしたが、登山用の保険に加入していなかったため、オンラインで加入させられた。極地での登山用の保険は高額で、期間も長いため何十万円もかかることもある。

チリと南極を往復するフライトは、離着陸地の双方の天候が良くないと飛べず、特に南極側は氷の上を滑走路に利用しているため、気象条件は他のフライト以上に重要で、1週間以上フライトができないことも頻繁にある。

僕が搭乗予定だったフライトも1日延期し、さらに翌日の12月7日午前に飛ぶ予定だったがそれも午後にずれたが、無事にプンタアレーナスの空港を離陸し、南極に向かうことができた。

ALEが使っているフライトは、ロシア製のイリューシンという大型の軍用輸送機の中を改造したものだ。フライト時間は4時間程度で、無事に南極大陸に着陸した。滑走路は、圧縮され硬くなったブルーアイスでできており、その上を滑りながら停止した。

ALEが管理する基地はユニオングレイシャー（UG）と呼ばれているが、滑走路から8㎞くらい離れた場所にあり、特別仕様のワゴン車で運んでもらった。UGには参加者やスタッフが共同で利用する施設として、食堂や談話室や装備品を管理する建物等が設営されていて、さらに個人用のテントや共同トイレ、共同シャワー室もある。

電気は太陽光発電と燃料発電で賄っており、水は雪を溶かして利用している。シャワーは、温めたお湯をバケツに張って浴びるが、水も熱源も限りがあるため3日に一回程度に制限されている。ただ、元気な人は雪を体にこすりつける雪シャワーをする人もいる。もっとも、南極大陸の内陸部は寒くて乾燥しており、また菌も基本的に活動していないため、多少シャワーを浴びられない日が続いてもあまり気にならない。

## 南極での生活が始まった

トイレは、所定のところでまとめてする必要があるが、ALEがまとめてチリに持ち帰っている。登山中やキャンプ周辺で用を足す場合には、各自排泄物を持ち帰るボトルや袋を持ち歩くことになる。

電話は衛星電話が1分150円くらいで利用できるが、インターネットは基本的に使えない。食事は、チリから必要物資を空輸しており、海外の大学の学食のブュッフェのような感じで、かなりしっかりしている。

南極の寒さで菌はあまり活動できないが、人間の体内にいる菌が感染源となることはある。そのため、飲食時には手指をアルコールで消毒するのは必須だが、アルコールも液体のものは凍ってしまうためジェル状のものが用意されている。共用のポット等に触れる時は特に必須だ。狭くて医療設備も不十分なキャンプ地で感染症が蔓延したら大惨事となるからだ。

気温は、UGでは、暖かい日だとマイナス5℃くらいまで上がるが、基本的には氷点下。ただ、乾燥しているのと、日差しが強いので思ったより、寒さは感じない。最近、日本のみずほ基地でマイナス90℃以下を記録して世界一を更新したようだが。

南極にはペンギンがいるのかと聞かれることがあるが、ペンギンがいるのは魚が存在する沿岸部だけで、内陸部にはペンギンはおろか生物が一切存在しない。

さて、プンタアレーナスの出発時刻からすると、そろそろ夜の時間帯だが、この時期の南極は白夜なため1日中夜が来ることはない。そのため、オーロラを見ることもできない。就寝時も明るいままなので、僕はアイマスクをし、ニット帽を深く被って寝ていたが、いつ目覚めても明るいままなので、体内時計がおかしくなる感覚を覚えた。

また、南極点には全ての子午線が通っているように、南極大陸内で基準時間をどこにするかを決める意味があまりない。例えば、僕達が滞在する基地はプンタアレーナスにＡＬＥのオフィスがあるためチリ時間になっているが、どこかの国の基地がある場所はその母国の基準時間に合わせたりと、ばらばらだ。

ちなみに、僕が南極に来る直前まで、サッカーで有名なベッカム選手が南極に遊びに来ていたらしい。サッカーボールにサインを入れて置いていってくれていたが、南極に来るような人達は著名人のサインなど興味がなく、みんなでサッカーやバレーボールで遊ぶのに使い続けていたら、サインは消えて見えなくなってしまった。

そんなこんなで、いよいよ南極での生活が始まった。

## ユニオングレイシャーでの生活

ＵＧでの生活はとても快適で過ごしやすく、何も困ることがなかった。

インターネットを使えないのは不便ではあったが、最初から使えないものだと腹を括《くく》っていれば、ないならないで済んでいく。

世界各国からの参加者との会話も楽しかった。

日本人の参加者もおり、後に日本人最年少でエベレスト登頂する早稲田大学の南谷《みなみや》真鈴《まりん》もいた。彼女はセブンサミッツを目指しており、そのためにビンソンに登る予定だった。彼女はセブンサミッツに挑戦する費用を、自分で何千社もの企業に手紙を送って、スポンサーになってもらっていた。大したものだ。

真鈴は南極にいても、いつも化粧バッチリで、元気で明るく、英語も堪能だったため、いつも外国人男性に囲まれてチヤホヤされていたので、僕が彼女と日本語で話している時は意図せず独り占めしているようで悪い気がした。

日本人は、他にも60代以上の高齢者が20人くらいで団体ツアーに来ていた。この方達は、登山ではなく、フライトで南極点を訪問するツアーに参加していた。みなさん、仕事もリタイヤし、孫も成人しているぐらいの方々ばかりだった。逆に日本人で比較的若い層は、僕と真鈴しかいなかった。

他方、世界中から集まっている参加者は、20、30代の若者がたくさんいた。それぞれ、会社を辞めた退職金を使ったとか、親戚から借金して来たとか、車を売ったとか、みんな今やりたい夢を実現させている人達だった。

楽しみを先延ばしして、老人になってからやりたいことに挑戦するのではなく、若いうちから夢の実現に必要ないものを削ぎ落として夢のためにお金や時間を集中投下する生き方ができるのは素敵だなと思った。

他の日本人だと、ALEに雇われて現地スタッフとして活動している宮崎よしこさんもいた。彼女は普段はアメリカで暮らしつつ、アラスカのデナリのガイド等をこなしている登山家だ。

今年、初めて日本人客が大量に来ることになったため、ＡＬＥから現地スタッフとして採用されたようだった。

## 最初で最後の犬ぞり南極横断

日本人ではもう一人、舟津圭三さんが日本人の集団ツアーの専属ガイドとして参加されていた。

圭三さんは、１９８９年には南極条約の改定記念として、アメリカ、フランス、ソ連、中国、イギリス、日本の６か国の代表者で２２０日間をかけて６６００㎞を犬ぞりで南極大陸横断するという冒険に参加して成功させた一人だ。ちなみに、今では南極で犬ぞりを用いることは禁止されているので、最初で最後の偉業と言えるだろう。

僕が南極で圭三さんとお会いした時はすでに60歳くらいで、アラスカに住み続けて犬ぞりレースに出たりと活躍されていたが、この頃にちょうど友人社長に誘われて、北海道の仁木町に移住してワイナリー管理の業務に就き出したらしい。

ＵＧ滞在中に圭三さんが日本人参加者向けに、犬ぞり南極横断の講演をしていただいたが、これまで聴いてきたどんな講演会よりも面白く、感動した。

米ソ冷戦中に開始したイベントだったが、ソ連の軍用機が補給のためにアメリカ本土で給油し、南極大陸着陸時には十分な滑走路がないため逆噴射で無理やり着陸させた話。また犬ぞり横断が始まってからも、時として濃霧で全く連絡が取れなくなったり、事前にルート上に置いてあった食料の一部が発見できなかったこと。各国からの参加メンバーで時として喧嘩したり、圭三さんがゴール直前で濃霧に巻き込まれて遭難しテントの外で一晩を過ごしたりなどなど、今思い出してもワクワクする話ばかりだった。

少し残念だった話は、ゴールした際、日本以外の参加国はマスコミが多数押しかけて大々的に報道してくれたのに、日本は関心度が低かったという話。日本は農耕民族だからなのか、社会内で冒険に対する敬意や価値があまり高くないのかもしれない。

圭三さんいわく、ヨーロッパだとエベレストに登頂しただけで、講演会等でその後、暮らしていける人もいるくらいだそうだ。確かに、日本だと、石井スポーツ登山本店で僕に高所登山の装備品を説明してくれた販売員がセブンサミッツを制覇した方だった。販売員が悪いというわけでは決してないが、日本人の登山史上でも数十人しか達成していないといわれるセブンサミッツ制覇者であっても、その後のキャリアの選択肢は限られているのかもしれない。

## 氷とクレバス

ＵＧではこういった交流をしつつ、ビンソン登山に向けて、まずはＵＧ周辺で雪山登山の練習をすることを義務付けられていた。

UGの敷地内はクレバスのチェックがされており、柵で囲っている部分は安全だが、柵から外には出てはいけないことになっている。

ちなみに、クレバスとは、地面の氷雪にできた裂け目のことである。裂け目が大きくなっていると、人が落ちてしまうような深い穴になることがあるわけだが、普通は大きな穴であればその口は見えていて、うっかり落ちてしまうことはない。しかし、深くて大きな穴の上に、軽く雪が積もっているような場合には、非常に危ない。このようなクレバスをヒドゥンクレバスと言うが、穴の口が見えていないため、クレバスだと気が付かずにその雪の上に乗った時に、雪の層を踏み抜いてしまい、落とし穴のようにクレバスに落ちてしまうからだ。

練習ではUGの外に出ていくため、クレバスに落ちてしまう危険があるが、ガイドと僕とでロープを繋ぎ、片方がクレバスに落ちても他方が一緒に飲み込まれないように対策をした上で、歩き進む。

ここで大切なのは、ロープを常にピンと張り続けた状態で歩くことだ。ロープが弛んでいると、クレバスに落ちた際に、弛んだ分だけ重力に従って落下してしまい、その際に勢いがついて他方も制止できずに一緒に落ちてしまう。ロープを常に張った状態で歩いていれば、片方がクレバスに落ちても、ロープがそれ以上伸びず、落下を防ぐことができる。

UG周辺での登山の練習は、僕ともう一人ベトナム出身でアメリカに住んでいるカイも一緒だった。彼も僕と同じくビンソン登山に参加するが、雪山の経験が少ないため、UG周辺での雪山登山の練習が義務付けられていた。

僕とカイはALEのガイドのジョーシュと3人で一日中、UG周辺を歩き回り、軽い丘のような山を登ったり降りたりといった訓練をした。ただ、あちこちを歩き回っているだけで雪山との共存とは何の関係もなかったし、何よりも訓練ではスキー板を履いての歩行だったがビンソンではスキー板は使わず全く意味のない訓練だった。

学んだことは、長時間歩いていても必ずロープを弛ませないようにピンと張った状態で維持して歩かなければならないということぐらいだった。

## 南極点訪問の費用

UG周辺での雪山登山の訓練もほぼ終わり、あとはビンソン登山チームの出発を待つことになったが、その間、UGで世界中からのいろんな参加者と話していたら、南極点をフライトで訪問する人が一定数いた。圭三さんが引率者を務める日本人の団体グループもそうだ。

真鈴も南極点に行きたいらしく、彼女はビンソン登山の後に、ラストディグリーという南緯89度から南緯90度の南極点まで緯度1度分を歩くツアーに参加しようとしていた。

セブンサミッツに北極点と南極点の二極点のラストディグリーをクリアすることを、冒険家グランドスラムといい、彼女はこの話をUGで海外の登山者から聞かされて興味を持ったのだ。実際、後にこれらを世界最年少でクリアしてギネス記録にも認定されることとなる。

僕はこの時点では冒険家グランドスラムどころか、セブンサミッツすら現実的な選択肢にはなかったので、ラストディグリーにあまり興味が持てなかった。また、そもそも参加するためには10日程度は日数を要し、それならビンソン登山後に早く南米に戻って、今度は南極の海を巡るクルーズツアーに参加したり、あるいはウユニ塩湖に行ったりと、他のアクティビティに時間を使いたいと判断し、断念した。

その代わり、僕は、日本人の団体グループと同じくフライトで南極点に行くことにした。これなら日帰りで行けるため、ビンソンへの出発までの空き日程で行ける。

ちなみに、南極大陸の内陸部を移動する小型フライト機の燃料は、内陸部まで燃料を運ぶ必要があるが、これは本当に大変で、ドラム缶一缶分に当たる200リットルの燃料を運ぶためには150万円ぐらいかかるようだ。

UGから南極点までは片道約1000㎞あるが、小型機でこれだけの距離を一気に飛ぶことはできないため、ルート上に燃料の補給地点を設けている。各補給地点まで、UGや南極点の基地から燃料をブルドーザーのような雪上車で運んで、雪上に置いておく必要があるのだ。

このような手間がかかるため、UGから南極点まで6~8人乗りくらいの小型機で往復するだけで、1500~2000万円くらいかかる。これを参加者で割り勘にて負担するのだ。

僕は、燃料代や参加費等込みで、日帰りで往復するだけでプラス400万円程必要になったが、現地でこれだけの現金を持っていたわけではなく、後払いで許してもらえた。

ALEとしても、万が一、費用が未回収になるリスクがあるとしても、小型機に空席があった以上、参加希望者で席を埋めた方が良かったのだろう。

## アムンゼンスコット基地を見学

ちなみに、真鈴も急遽ラストディグリーに参加することになったため、同程度の金額が必要になったが、彼女のスポンサーの一人であるユニクロの柳井さんに直接、衛星電話でねだり、追加スポンサーの了承をもらっていた。何とも逞しい。

そして、僕は無事に南極点訪問のツアーに参加できることとなり、UGから南極点まで確か2回ほど小型機を雪上に着陸させて給油をしつつ、移動した。

ちなみに、人類が初めて南極点に到達したのは1911年12月14日で、まだ100年ちょっとしか経っていないが、現在はアメリカの立派な研究基地が建てられており、この中も運良く見学させてもらうことができた。

南極が各国の領土主権争いの対象となった名残で、南極点にあるアメリカの基地は初到達した冒険家の名前をとってアムンゼンスコット基地と名付けられている。他にも、ロシアは海から最も遠い内陸部にボストーク基地を有し、日本は沿岸部に昭和基地を設け、いずれも利用継続されている。

南極では様々な研究が行われているが、その一つが隕石の解析だ。

南極は大地が雪と氷で覆われているため、氷雪上に落ちている岩石は空から降って来た隕石以外にありえないのだ。

また、南極点は、経度がなく南緯90度だけで位置を特定できる地点となるが、南極点を一地点に特定してぐるっと歩いて回ると理論上は地球を一周したことになる。

アムンゼンスコット基地には、モニュメントとして1959年の南極条約締結時の12か国の国旗が設置され、さらに科学的に計測された南極点の一地点を表示する展示物も設置されている。

しかし、南極の内陸部は、場所にもよるがせいぜい数百メートルの岩盤の地表の上に、氷床と呼ばれる最大3000m以上の厚さの氷が蓄積している。氷床は重力に従って年間10mほど低地方向に移動してしまうため、氷雪の地面に南極点を特定して展示物を設置しても時間とともに本来の科学的な南極点とはずれていってしまう。

南極点の周囲も、厚い氷床の上にあり、標高3000m以上になるが、地面ごと少しずつ動いているため、さきほどの南極点を示す展示物は毎年1月1日に科学的な南極点の位置に置き直されている。

南極点で地球を下から支える

僕が訪問したのは12月10日だったため、GPSで計測すると、科学的な正しい南極点とは何メートルもずれていた。

また、南極点は地球儀で見ると一番底に当たるため、南極点で逆立ちをしている様子を逆さまにして見ると、あたかも地球を下から支えているように見えるということで逆立ち写真が流行っていた。僕も逆立ち写真を撮影してきたが、高度3000m以上で気温マイナス30℃以下の環境で、重くて厚い服や靴を身に付けているので意外に難しい。

たった1日に400万円もかかった超高額ツアーだったが、他では見られない景色を観て、他では味わえない体験ができた。

## ビンソン登山開始

さて、雪山訓練も南極点訪問も終わり、いよいよビンソン登山に向けて出発することになった。

ビンソンとは、南極大陸で最も高い山だが、ネットで検索するとビンソンマシフと表示される。マシフとは山脈という意味なので、単発の山を指すのであれば、ビンソンと呼ぶのが正しいのだろうと思う。

ビンソンにはこれまで２０００人を超える登山家が登頂しており、日本人も50～80人程度が登頂しているようだ。

僕が参加する行程のチームは、クライアントとして、僕、真鈴、カイ、医師のアメリカ人、ブラジル人等の7人と、ガイドとして、宮崎よしこさん、アメリカ人のトレイシー、カナダ人の3人の計10人だ。

まず、ＵＧから約１００㎞離れたビンソン登山の拠点となる標高約２１００ｍのベースキャンプに小型機で移動した。この日は移動のみとなった。ちなみに、ベースキャンプ（Base Camp）のことをＢＣと略し、さらに上のキャンプはキャンプ1、キャンプ2と呼ばれることがあるが、その場合これらもC1、C2といった略称が用いられることが多いため、本書でもこれに従う。ただビンソンの場合はBCより上のキャンプが2つしかないため、ローキャンプ、ハイキャンプという呼び方で区別されている。

2日目から登山が開始で、BCから標高2750mのローキャンプまで約5時間半かけて登り歩いていった。

登山期間に要する荷物として、個人の装備品や食料だけでなく、テントや燃料等、共同装備品もみんなで分担して運ぶため、総重量は1人当たり25kg程度の荷物を運ぶ。

これだけの重量となると全てバックパックで担ぐのは大変なので、バックパックとソリに分けて荷物を運ぶ。ソリに載せる荷物を多めにすると氷や雪の上を滑らせるだけで進めるから意外と楽に進める。

キャンプ地での食事は、基本は海外流で、ソーセージやベーコンをおかずにパンケーキをひたすら食べるといった内容が多いが、よしこさんがいるおかげで、パンケーキをお好み焼き風の味付けにアレンジしてくれることもあった。

3日目は悪天候だったため、ローキャンプで1日停滞日となった。

## 全てが凍る世界

キャンプ滞在時にテントで寝ていると、テント内の湿気や、服や装備品等に含まれた湿気が、冷やされてテント自体や持ち物が凍って氷の結晶だらけになり、飲み物やゼリー等の液体類も全て凍ってしまう。

そのため、靴やゴーグル、手袋等の重要な装備品は、凍らないように寝袋に入れて一緒に寝るが、寝袋から出ている頭に被った帽子や顔の髭は全て凍って真っ白になる。

トイレは、小は場所を指定された上で雪上にしても良いが、大は水分を固める薬剤の入ったプラスチックバッグにして、まとめて持ち帰ることとなっている。

ただ就寝中のトイレは、毎回テントの外に出るのは大変なのと、寒くて暗い夜に外で小便をして血圧が下がって倒れてしまうリスクもあるので、テント内でピーボトルという排尿を貯める専用のボトルを用意して、そこに足すのが通常だ。これで就寝中の排尿量は尿の濁りや色もチェックできる。ただピーボトルも寝袋の中に入れて管理しないと凍ってしまって尿が取り出せなくなるので注意が必要だ。また、当然飲み物のボトルとピーボトルをきちんと区別することが必須だが、同じ形状のボトルだと長いキャンプ生活では意外と間違ってうっかり逆に使用してしまう人がいる。僕の場合は大きさも色も異なるボトルを使用して区別している。

また、登山中は汗をかくと体を冷やすし、湿った衣類が寒さで凍ってしまうため、服装については、寒くないけど暑くて汗をかくこともない状態を維持することが大切だ。歩き始めや休憩中、風が強い時は厚い服を着て、歩行継続中は薄い服を着る等、こまめに体温調整することがとても重要となる。

気温は常時マイナス20～25℃くらいだが、マイナス30℃くらいまで下がる時もあった。ただ、空気は乾燥しているし、風さえ吹いていなければ、十分な防寒対策をしているのであまり寒さは感じない。とはいえ、指先はどうしても冷えるため、手足を頻繁にグーパーするようにしていた。

あと、雪山登山で気をつけることとして、日焼け対策は極めて重要だ。特に南極はオゾンホールのせいもあり激しい紫外線にさらされるため、毎時間のように強い日焼け止めを塗り直す必要がある。そのため、登山中はみんな日焼け止めで顔が真っ白だ。

## 南極大陸最高点を踏む

4日目はBCから標高3773mのハイキャンプまで7時間かけて登った。

ここの行程はビンソン登山では最難関ポイントで、傾斜35～38度程度の斜面を登らないといけない。3㎞続く氷雪で造られた滑り台を登り続ける感じだ。

斜面に固定されたロープに、ハーネスと繋がった命綱をかけながら登っていくが、バランスを崩して下手な転び方をすると、勢いが止まらず、命綱を繋ぐカラビナも切れてしまって、そのまま滑落してしまう危険性もある。

実際、今シーズンの初めにＡＬＥのスタッフがこの地点で数百メートルを高速度で転げ落ち大怪我をしていた。

また、急斜面なのでソリで荷物を引くことはできず、15kg程度にまとめた荷物をバックパックで背負って歩く必要がある。

ただ、僕は急斜面を踏ん張って歩くのは比較的得意で、難なくクリアすることができた。それでも急勾配の斜面を何時間も連続で登ると足首が痛くなってきたので、難関な箇所ではあった。

５日目は悪天候で停滞日となった。

天候だけはどうしても完璧な予測はできないし、荒れた時は逆らうことはできない。

僕らの１つ前の行程のチームは、ハイキャンプで風速25ｍ／ｓ以上の風に煽られ、テントが吹き飛ばされたり、視界不良で行動ができなかったり、まさに生命の危機が生ずるレベルで、登頂を断念して下山したようだった。

それに比べると、僕達のチームは、何日か天候不良はあったものの危険なレベルではなく、運が良かった。

6日目はいよいよアタックで、ハイキャンプから標高4892mのサミットに向かった。荷物はバックパックのみで5kg程度しか担いでいないので余裕だ。

高緯度だと同じ標高でも酸素が薄くなるらしく、ビンソンでは実質的には5500m程度の高度順応が必要だと言われているが、僕は過去にそれ以上のキリマンジャロに登頂していたし、当時と違って高度順応に必要な水分摂取も十分しているし、全く高山病の気配もなく、終始体調が良いまま登頂することができた。

ハイキャンプからサミットして、ハイキャンプに戻ってくるまで、約10時間半を要したが、全く物足りず、下山時には軽く走りながら降りてしまいよしこさんから止められたくらいだった。

そして、7日目にハイキャンプからBCまで7時間で一気に下山した。

ビンソンの登頂は、正直体力や気力の60%くらいしか使っておらず不完全燃焼だった。チームの他のメンバーも全員登頂できていた。ただ、カイだけは途中かなり辛そうで、一度はガイドから下山を打診されて悔し泣きをして懇願し、何とか登頂させてもらっていた。

それにしても、南極の雪山の景色は本当に美しかった。

## 3年以内にエベレストに登ると宣言

ＢＣに戻ってから、ＵＧ行きのフライトが悪天候でなかなか飛べず、数日間、何もないキャンプ地で滞在させられたのが一番辛かったかもしれない。

ちなみに、登山ツアーでは終了後にチップを渡すのが習慣となっているが、ＡＬＥではガイドのように直接参加者と接する人と裏方スタッフでは受け取れるチップに差が出ることから、各スタッフは自分が受け取ったチップも一度ＡＬＥに戻して全スタッフで割ることになっているようだった。

よしこさんに聞いてみると、実際は各スタッフが参加者から直接チップを受け取ると、そのままもらってしまう人や、半分はもらって、残りの半分だけＡＬＥに戻す人など様々だという。

僕はよしこさんにお世話になったので、よしこさんがもらって良いですよとチップを渡したのだが、さすが日本人はアメリカ生活が長くても律儀なのか、全額をＡＬＥに戻していた。

ＵＧに戻った後、日本人の団体チームからも祝福してもらったが、そのうちの一人で70代の女性経営者の方がいた。自ら年収２億円だと公言していたが、確かに頭が良くていかにも仕事ができそうな方だった。

その女性と話をしていた際、僕がいつかエベレストにも登りたいとポロっと口にした時、

## 第2章
## 南極大陸へ

「何年以内に登る？」と聞かれてハッとした。

さすができる経営者だけあって、ふわっと願望を述べることに意味などなく、本当に目指すのであれば具体的な目標設定をしないとダメなことをよくわかっている。

そこで僕は、3年以内に登りますと回答した。特に根拠はなく、そもそもこの時点ではまだエベレスト登山など手が届かないと思っていたのだが、実際、目標にはやや遅れるが3年半後にはエベレストに登頂することになる。

その後、僕はUGを出てチリのプンタアレーナスに戻るタイミングになったが、そのフライトも予定よりかなり遅れ、チリに戻れたのは年明けの2016年1月4日だった。ビンソンが終わってからUGでの滞在日数は2週間程度あったはずで、これならラストディグリーにも参加できたなと後悔した。実際、僕と同じチームでビンソン登頂後にラストディグリーにも参加した真鈴は、僕がUGを離れる直前にちょうど戻って来ていた。

とはいえ、それは結果論だし、年越しを南極で迎えられたのも良い思い出となった。

僕は結局、ほぼ1か月南極に滞在していたことになるが、銀白の氷雪に囲まれ、キャンプに滞在している人間以外には動物や虫さえも生き物がいない環境で、命を感じられる自然界の土や植物や水が恋しくなった。

南極大陸の内陸部での滞在は、費用も時間もかかり、ハードルはなかなか高いが、透き通った空気に、晴れ間の時の雪の山脈は本当に美しく、他の地にはない清々しさが感じられ、心が洗われる思いだった。

ちなみに、南極大陸の内陸部に最も安く行く方法は、ALEのスタッフとして採用されることで、これはガイドだけでなく調理場や掃除係の業務もある。また、ビンソン登山や南極点ツアーや皇帝ペンギン鑑賞ツアー等、様々なアクティビティがある中では、南極マラソンに参加するツアーが最も安く、これだと計300万円くらいで参加できるようだった。

## 南米大陸最高峰のアコンカグアに挑戦

僕は2016年1月4日にチリのプンタアレーナスに戻ったが、カイと同じフライトだったため、プンタアレーナスで今後の予定を話し合った。僕は1月20日頃のフライトで南米を出て日本に戻る予定だけ決めていたが、それまでの期間は未定にしていた。そこで、カイと相談し、このまま一緒に南米大陸最高峰で標高6961mのアコンカグアに挑戦しようということになった。

アコンカグアはビンソンに比べると標高は2000m以上も高いが、雪山ではないし、赤道の近くにある山なので、ヒマラヤ以外では世界で最も標高が高い割に難易度はそこまで高くないらしい。また、UGで世界中の登山者と情報交換をしていた中で、チリに近いアコンカグアに登った人の話をよく聞いて、身近に感じていたというのも大きい。真鈴もすでに登頂していたようだ。

僕とカイは、早速、プンタアレーナスの空港にいながら、アコンカグアの登山を受け付けている現地ガイドを探した。

すると、1月6日出発の現地ガイドが見つかったため、ネットで即時申込み、決済までしてしまった。

そして、カイと一緒に、プンタアレーナスからアコンカグアの拠点の町となるメンドーサまで飛んだ。

翌5日にはメンドーサ市内で現地ガイドのフェルナンドと合流し、装備品のチェックをし、6日からアコンカグアの山の麓 Penitentes まで車で3時間かけて移動した。標高2580mの地点だが、ここで初日は宿泊となった。

2日目は、Penitentes を出発し、標高2950mにある登山口 Horcones Valley まで車で20分程かけて移動して、そこから登山を開始した。標高3390mにある最初のキャンプ地 Confluencia までの軽いトレッキングで、1時間半程度で着いた。ここで最初のメディカルチェックが必要だったが無事にパスすることができた。メディカルチェックといっても、血液や尿の検査まではせず、顔色を見て、血圧や SpO2を測定する程度のチェックだ。

3日目は、Confluencia からBCのある標高4300mの Plaza de Mulas まで移動した。6時間の行程だったが、この辺りからカイは僕についてこられなくなり、何時間も遅れて到着していた。ただし、登山はレースではないので、自分のペースで歩くことはとても大切だ。このルート上では、落石が非常に多い場所もあり、急いで通過した。僕の時は大丈夫だったが、1週間前くらいに軽自動車くらいのサイズの岩が落ちてきたそうだ。

4日目は休息日で、BCで高度に体を慣らしつつ休養した。再びメディカルチェックを受け、僕は特に問題なかったが、カイのバイタルが少しずつ悪化していたのが気になった。

5日目は、BCからC1のある標高5050mのPlaza Canadaまで往復した。さらに高度を上げていく際に利用する食材などの荷物をC1まで荷上げして置いて来た。所要時間は、上り2時間40分、下り40分くらいだ。

6日目は、BCからC2のある標高5550mのNido de Condoresまで荷物を上げて、再びBCに戻った。上り6時間、下り1時間20分の行程。この辺りから、カイは全く僕についてこられなくなっていた。

7日目は休息日で、アタックの許可を得るためのメディカルチェックを受けたが、僕はパスしたものの、カイはバイタルが悪化しすぎていて許可が出なかった。日程を遅らせてカイだけバイタルの回復度に応じて改めてアタックすることとなった。

## ガイドとの衝突

また、実は僕はこの頃、ガイドのフェルナンドとの仲がとても悪くなっていた。

僕は急遽、アコンカグアに挑戦することになったため、毎日の行程や高所のキャンプ地はどういうものがどの標高にあるのか等、全く把握していなかったので、そういった基本的な事項をフェルナンドに何度も質問していたのだが、彼は話すのをめんどくさがって、ともかく任せておけば良いとの一点張りだった。

特に日程については、天気次第でずれることがあるのは当然承知しているが、概ねの予定や、それぞれの行動日が標準では何時間くらい要するのかといった行程表を把握していた方が、行動食を持ち運ぶ量や、テーピングの仕方や服装など、いろんな準備を的確に行えるのだが、そのような話し合いができなかったばかりか、フェルナンドはもう自分に話しかけてくるなと怒鳴り散らすことさえあった。

彼は、僕とカイが急遽登山に申し込みをしたため突然仕事を入れられてしまったようで、そのことも彼をイライラさせていたのかもしれない。

特に、このシーズンは天気が悪い日が続いており、1月4日から10日まで7日間も連続で登頂者が一人も出なかったぐらいで、アコンカグアの登山者は全体的に雰囲気が悪く、ストレスフルだったのかもしれない。

とはいえ、僕からすればそんなことは知ったことではないが、高所登山に向かう上で彼と仲が悪いことはリスクしかないため、とりあえずは話しかけず、彼に従うように努めた。

さて、8日目からはいよいよアタックに向けて高度を上げていく。

まず、BCからC1に移動し、C1にテントを張って、フェルナンドと2人で寝た。移動時間は2時間45分で楽な登山だった。標高5050mで就寝するのはキリマンジャロ登山でも経験していない初めての高度だったが、割と快眠できた。

9日目はC1からキャンプC2に3時間15分かけて移動した。標高5550mでの就寝は、さすがにあまり寝付けず、特に夜中に呼吸困難で溺れるような錯覚がして飛び起きて、急いで深呼吸をして呼吸を安定させるということが何度かあった。瞬間的だが生命の危機をうっすらと感じたことで、高所は人を死なせることができる場所なんだなというのを再認識させられた。

10日目はC2からC3のある標高6000mのColeraまで2時間20分で移動した。

## アコンカグアサミットにアタック

ここまでは1日の行動時間は短く、また地面に雪もなく、ただトレッキングをしているような登山なので、高度順応さえうまくできていれば、何の難しさもない。ともかく高度順応だけが最大かつ唯一のハードルだが、僕はひたすら水を飲むようにしていた。科学的根拠の説明は確かかわからないが、水を飲んで排出するというのを繰り返すことで、体内と体外の圧が均整化されるとか、血中の酸性アルカリの濃度が適正化されるといった説明を聞いたことがある。ともかく、1日最低4リットル程度は水を飲むようにしており、これが効いたのかはわからないが僕は大きな高度障害にはならなかった。

ちなみにダイアモックスという脳の血管を拡張させて呼吸中枢を刺激して呼吸数を増やすことで低酸素状態を改善できる高山病に効く薬があるが、こういった薬に頼ることは、いざ何かあった時のリスクが増すため、基本的には用いるべきではないと言われている。体調不良で下山を決めた時に一気に下山するために一時的に使用するのであればまだしも、これから高度を上げていく時に薬に頼るべきではないという考えが主流だ。

さて、11日目はついにアタックで、僕達は朝7時頃から登山を開始して、C3を出発した。他の隊の中には未明のうちに出発するチームもあるが、フェルナンドいわく僕は歩くのが速いし、十分時間には余裕があるから暗いうちに無理して出発するのではなく朝から出れば良いとのことだった。

高度を上げていくと、途中から地面に雪が堆積しているようになってきたため、アイゼンを履いた。若干、急な斜面もあったが、凄く大変だなという箇所は特になく、難なく登頂することができた。

アコンカグア山頂にはなぜか女性の下着が…

頂上には、山頂を示すモニュメントのようなものがあったが、なぜかそこに女性用のパンティがかけられていた。

約7000mの頂上だと、海面の半分くらいしか酸素がないようだが、あまり苦しくは感じなかった。少し激しい動きをすると息は切れるが、深呼吸をすればすぐに安定した呼吸に戻せたし、頭痛や吐き気も全くなかった。

登頂後は一気にBCまで下山したが、上りがC3からサミットで6時間45分だったのに対し、サミットからBCまでの下りは2時間30分足らずで一気に駆け降りた。

BCではカイと再会したが、やはり体調は良くなさそうで、残念ながらこの先アタックができそうには見えなかった。それでもカイは、自分もこの後サミットに向けて頑張ると言っていて、涙もろいのか、また泣いて僕を見送ってくれた。

また、UGで雪山登山の練習でガイドをしてくれたジョーシュにも再会した。ガイドもクライアントも季節に応じて人気の山に出入りするため、行き先が重なることはよくある。

そして、12日目にはBCから登山口の Horcones Valley まで7時間20分かけて下り、アコンカグアの登山は終了となった。

結局、1月6日から17日の12日間で南米最高峰のアコンカグアに登頂できたが、標準だと16~18日程度はかけるようなので、もう少し余裕のある登山ができるのではないかと思う。

町に戻り、フェルナンドと別れるタイミングになったが、僕と彼は登山中に険悪な状態になったままで、あまり会話もしていなかったため、彼は別れの挨拶すらせず去っていった。僕は、彼にチップも渡せなかったが、正直、彼はBCよりも高度が高い地点にいる時でさえ、まともに会話をしないばかりか、僕の声が届かないくらい離れて先を歩いてしまうこともあり、ガイドの役割をあまり果たしていなかったので、仕方ないかと思った。

そのくせ、僕が帰国後には、登頂時に僕と彼とで撮影した写真を送って欲しいと要求してきたため、どうせ営業に使われるだけだろうと思って、拒否した。

さておき、無事にアコンカグアを登頂して終えることができた。体力的にはあまり疲れていなかったものの、南極から2か月近く極地に滞在し続け、常に寒さと空気の少ない環境で過ごし、食事は簡易なものばかり、ネットもシャワーも基本的にない、日本語で話せる相手もあまりいないという状態が続いていたので、なんだか日本の街中が恋しくはなっていた。

何となく気軽に始めた登山だったものの、いつの間にかセブンサミッツのうち、四大陸の制覇となった。せっかくなので、今年はヨーロッパ最高峰のエルブルスと、北米最高峰のデナリにも挑戦してみようと思うようになった。

第3章

# 真冬のエルブルスで臨死体験

## ヨーロッパ大陸最高峰エルブルスを真冬に挑戦

僕は、ビンソンとアコンカグアを一気に登頂したことで、２０１６年は登山の年にしようと考えていた。

１月末には帰国し、セブンサミッツで残るエルブルス、デナリ、エベレストのうち、時期的に挑戦できそうなヨーロッパ大陸最高峰で標高５６４２ｍのエルブルスに3月初めに行くことにした。

といっても、エルブルスはロシアの山なので、本来は日本と同じ北半球が夏にあたる時期に登ればより安全で簡単に登れて、登頂率は90％以上もあるようだ。しかし、3月が比較的予定を空けやすかったのと、真鈴も僕と同じチームではないものの同じ時期に登ると言っていたこともあり、僕は真冬のエルブルスに挑戦することにした。

なぜなら、エルブルスは、高度はアコンカグアより１０００ｍ以上低く、寒さも南極ほどではないことや、ビンソンやアコンカグアが簡単に登れ過ぎて不完全燃焼だったことから、敢えて厳しい真冬の時期に挑戦してみたくなったのだ。

実際、僕がモスクワを経由して国内線でミネラーリヌィエ・ヴォードィまで飛び、さらに乗合バスでエルブルスの拠点の町テルスコルに入った時点では、今年の冬は２００人くらいが挑戦しているもののまだ5人しか登頂できておらず、直近1週間以内では2人の単独登山者が滑落死しているとのことだった。滑落といっても、崖やクレバスからストーンと落下するというものではなく、幅広い斜面が広範囲に凍っているため、転んでしまうと、巨大な氷の滑り台を猛スピードで転がり落ちてしまうというものだ。

また、サミットの際にも、夏だと標高4700m付近まで雪上車で送ってもらい、そこからのアタックになるのだが、真冬だとそれよりも低い地点からのアタックとなるようだ。

ネガティブな要素は僕の身体にもあった。2月28日に東京マラソンを完走し、その後1週間も経たないうちにエルブルスの山中に入っており、まだ足のバネが回復していない状態だったのだ。その上、標準的な登山行程は8日間なのに、僕は現地ガイドのアレックスにお願いして4日間に短縮してもらった。ビンソンやアコンカグアの登山では他の登山者の標準ペースに合わせるのが遅くて嫌だったため、今回はマンツーのガイドだから最初から短縮日程でスピーディに登りたいと思ったのだ。

このように、エルブルスに挑戦するにしても、後から考えれば必要以上に難易度を上げ、意味のない危険を負った登山となっており、無謀以外の何物でもなかった。

## 慢心からの大失態

さて、一応は順調に訓練や高度順応のための3日間をこなし、4日目にアタックに向かうことになった。

アタック日は、深夜1時に起きて準備をし、2時から朝食をとったが、用意された朝食がオートミールだった。オートミールとは麦の一種を加工したシリアル食品で、牛乳で溶いて食べるのだがぬるいお粥のようで全く美味しくない。これを好きなだけ食べろと言われたものの、もはや罰ゲームで腹三分目ぐらいにしか食べられなかった。

他に町で買って来た行動食がわずかにあったことから、これを道中に食べつつ凌ぐことにした。

その後、3時発で標高3700mの宿泊先のロッジから標高4300m付近まで、雪上車で送ってもらい、3時半頃から登山開始となった。

まだ真っ暗で気温も低く、少し吹雪いている。

だがここで、僕は大失態をしていることに気がついた。

なんと高所用の一番厚手のミトン手袋をロッジに忘れて来たのだ。

今から取りに帰ることもできず、薄手の手袋にバックパックに入っていたビニール袋を巻き付けて登ることにした。

ここでも完全に慢心による油断があった。出発時に高所登山に不可欠なミトン手袋があるかのチェックすらできていなかった。それでも諦めない以上、登るしか選択肢はなく、一歩ずつ高度を上げていった。

途中、標高5000mにも満たない辺りだったと思うが、まさに大きな氷の滑り台のような斜面が現れるようになったところで、他の登山グループの大半はリタイヤしていった。

同じチーム内の登山者同士では互いにロープで繋ぎ合うため、誰かが転んだからといって、他方が体勢をとって制止すれば、直ちに滑落するわけではない。

しかし、複数人が同時に転んだり、誰かが転んだ際に繋いでいるロープが弛んでいてその分加速してしまったりするとチームの他のメンバーも一緒に転倒して滑落してしまう危険性はある。そのため他のチームは次々と撤退していったのだ。

一方、エルブルスには、ビンソンとは違って危険なクレバスはあまりない。ただ、僕は人生で初めてクレバスに落ちてしまった。といってもマンホールくらいの小さい穴で、上半身が地面に引っかかっていた状態だったので、特に危険はなく脱出することができた。

## 襲いかかる高度障害と極寒

その後、僕はアレックスと2人で登山を続けたが、5000mを超えた辺りから、高山病の症状が出るようになり、軽い頭痛や吐き気がするようになっていた。

ビンソンやアコンカグアでは、1日の歩くスピードが速くてもきちんと標準行程通りの登山をしていたが、エルブルスでは日程を短縮させて、高度順応を省いて一気にアタックをしたせいだ。高度障害もあって、登山スピードはいつもに比べてかなり遅かった。

5300m付近で、アレックスは僕の登山ペースが遅いことを気にして、登頂は諦めて引き返すべきだと言った。

登頂まで残りあと高度300mだが、今のペースなら3時間は要する。このまま登頂を目指せば、時間が遅くなりすぎて、下山が夜になってしまうし、今のペースだとそもそも下山する体力が残せるかもわからない。ましてや、厚手のミトン手袋がない状態で、夜になって寒さが増せば、最低気温はマイナス25℃を下回ることもあり、凍傷の危険もある。

僕は常時、手の指をグーパーとさせながら登っていたが、少しずつ感覚がなくなっていた。

しかし、それでも登頂したいと思い、アレックスにお願いして登山を続けさせてもらった。

結局、ロッジを出発してから登頂までに12時間もかかってしまい、余計に体力を消耗してしま

第3章
# 真冬のエルブルスで臨死体験

エルブルス山頂からの下山は死を覚悟するほど厳しかった

った。

頂上では、町から運んできたコーラを飲もうと蓋を開けたら、一瞬にして中身が凍ってしまって飲めなかった。

登頂したのは午後3時半で、それから下山を開始したが、体調が万全でも下山には5時間を要すると言われている。しかし、夕方6時頃には日が暮れてしまう。どうやっても、体力が残っていない僕が下山するためには深夜になってしまうだろう。

それでも、なんとか自力で歩く以外に方法はない。自分のわがままでアレックスも危険な目に遭わせているわけだ。せめて腹を括って絶対に歩ききるしかない。

しかし山は容赦せず、下山中、日は

沈み、夜の冬山では暴風と粉雪が吹き出して視界を遮り、寒さは増し、そんな中、僕は下山する体力が尽きかけていた。

時々、本当に指の感覚がなくなり固まって動かなくなることがあり、その時はもう片方の手で固まった他方の指を握りしめて温めて、一本ずつ指を曲げて動かした。

少し歩いては休憩が必要で、立っていることも難しくなりつつあり、歩行中に体勢を崩して何度も転んでしまった。立ち上がって少し歩いては転んでしまうようなこともあり、さらに出発時にまともな食事をしていなかったことからエネルギーも不足していて力も出なくなっていた。飲み物もなく、転んだ時に、気休めに地面の雪をかじった。

## 滑落

もはや山の中でビバークしなければならないかもしれないと思ったが、夏であれば避難用の小屋が利用できても、冬だとそれすら閉まっていて利用できないのだろうなと一層覚悟を決めた。

そして、下山を続ける中、氷の斜面で転ばないように注意しなければならず、氷の地面に足を着ける時は、普通に地面を歩くように踵から足を着けるのではなく、つま先から接地させる意識で足裏全体を地面に着けてアイゼンを足裏全体で効かせなければならない。

しかし、足は疲れで震えており、体もバランスを保てず、氷の斜面に足をうまくフィッティングできずに転倒してしまった。

しかも、僕はロープワークを丁寧にする気力もなかったため、ロープを弛ませて歩いており、転んだ瞬間に一気に加速して滑り落ちそうになった。

とっさに持っていたトレッキングポールで地面を掻いて少しでも減速しようと試みたが止まらなかった。

もはや、僕とロープを繋いでいたアレックスが巻き添えをくらわずに制止してくれることを願うのみだった。

結果、アレックスがピッケルを斜面に刺して制止してくれ、事なきを得ることができた。

この時点ですでに夜8時、出発から17時間も経過し、辺りはすっかり暗くて僕とアレックスのヘッドランプ以外に明かりはなく、気温マイナス25℃、時々暴風が吹き、粉雪が舞い、雷も何度か落ちていたような環境で、彼が冷静に対応してくれたおかげで、まさに一命をとりとめた気持ちだった。

氷の斜面で転んでしまうとこんなに一気に加速するのかと初めて経験して恐ろしくなった。

これならもっと加速がつけば、ロープで繋がっているガイドも一緒に吹っ飛んでしまうだろうし、単独登山者なら、ワンミスで簡単に滑落死してしまうのも頷《うなず》けると思った。

## 自然の厳しさと登山の面白さを知る

ともかく、アレックスのおかげで何とか制止できたため、転倒した際に雪の上に散らばった荷物を集め、暗闇で強風と粉雪が常時吹き荒れる中、下山を続けた。

そして、上りの時と同じ４３００m付近まで降りたところで、そこまで迎えに来てくれたスノーモービルのライトを遠目に発見し、生還できたとようやく安堵することができた。

結局、宿に戻れたのが24時で、小休止は入れたものの、上り12時間、下り8時間半の計21時間近くも歩き続けるというとても長い登山になった。

宿に戻って、荷物や服を見てみると、隅々まで雪が入り込んでいた。

顔には、凍傷の傷が残り、その後、何年かは黒ずんだ痕が取れなかった。

指はきちんと動くが、下山後も1、２か月の間、感覚が鈍ったままだった。

しかし、結果的には登頂して無事に帰ってこられたのは全てアレックスのおかげだ。エルブルスツアーという現地会社の53歳のガイドだった。ツアー代金が１５００ユーロだったが、チップで２０００ユーロ受け取ってもらった。

真冬のエルブルスでは、山の過酷さ、怖さを初めて実感することができた。

地上での生活は人が支配する世界であり、体調不良なら未完成でも許してくれ、情けや言い訳も通用するが、山の世界は自然が支配し、情けや許しが一切通用しない。

どれだけ疲弊していようが、登頂できたお祝いムードがあろうが、寒かろうが、お腹が空いていようが、その他に情けをかけてもらいたい理由がいくらあっても、歩く距離は1mも短くなることはないし、1℃も気温が上がることはない。

与えられた客観的状況を全て受け入れて、自力で登山を完成させなければならない。

それが山の厳しさでもあり、面白さでもあるのだと再認識した。

元々、僕は刺激を求めて極地に行ってみようと思い、高所登山を始めたわけだが、今回、具体的に身の危険を感じたことで、さらに山を好きになった。

これで五大陸最高峰の制覇となった僕は、何となく興味本位で高所登山に出かけていたが、これからはさらに本格的にいろんな山に挑戦していこうと思うようになった。

## 北米大陸最高峰デナリに挑戦

エルブルスの次は、北米大陸最高峰でアラスカにある標高6190mのデナリに挑戦しようと思った。

デナリの登山に適した時期は毎年4月下旬から7月頃だ。早い時期の方が氷は締まっていてクレバスのリスクは低いと言う人もいるし、遅い時期の方が気候は穏やかだと言う人もいるし、ベストシーズンははっきりしないが、いずれにしても登頂率は30％に満たないと言われており、難易度の高い山だ。

デナリはアメリカの国立公園で、登山ガイドができる人はデナリの公式資格を持っている人に限られる。

ビンソンで僕のチームをガイドしてくれた宮崎よしこさんは、デナリのガイド資格を持っており、mountain trip というデナリ登山を主催している会社にも所属していた。そのため、僕はよしこさんに mountain trip を紹介してもらった。

生憎、よしこさんがガイドを務める時期とは予定が合わなかったが、mountain trip の他のガイドに依頼することができた。費用は１５０万円くらいだった記憶だ。

僕は、２０１６年6月初め頃に、デナリの拠点となるアラスカのアンカレッジに飛んだ。

アンカレッジは、街中が薄暗く、空気は乾燥して引き締まる寒さであり、何とも閉鎖的な感情を抱く雰囲気があった。

アンカレッジでは、２日かけて、ガイド達や僕を含めてクライアントとして参加する他のメンバーと顔見せや懇親会をしつつ、装備品をチェックした後、デナリ登山の拠点となるタルキートナまで車で2時間かけて移動した。

タルキートナにはデナリ登山の管理事務所があり、ここで入山の登録やレンジャーからのレクチャーを受けた。

## 旧名はマッキンリー

ここで、デナリについておさらいしておきたい。

デナリは、過去のアメリカ大統領名にちなんでマッキンリーと呼ばれていた山で、2015年にオバマ大統領は先住民が「大きな山」の意味で呼んでいたデナリに名称を戻すべきとして、今の名前になった。

アラスカにあり、高緯度のため、夏は白夜のような状態となり、夏至には1日の日照時間が22時間にもなる。

エルブルス登山に関してお話ししたとおり、登山は夏と冬では冬の方が圧倒的に難易度は高く、また、単独登山は複数人での登山に比べて遥かに危険度が高い。そのため、登山家の間では、敢えて冬季や単独にこだわる人もいる。

その一人が、国民栄誉賞受賞者であり世界初の五大陸最高峰の登頂者でもある日本の植村直巳さんだ。

植村さんは、1970年夏にデナリで初の単独登頂者となった。

さらに植村さんは、1984年冬にデナリで初の冬季単独登頂を狙った。そして、植村さんの誕生日当日でもある2月12日に登頂を果たしたが、翌13日の無線交信を最後に消息が絶たれてしまった。

その後、救援隊が遭難した植村さんの捜索に向かったところ、頂上には日本の国旗が掲げられており、植村さんが実際にデナリの冬季単独登頂を果たしたことは証明されたが、今に至るまで植村さんの遺体すら発見されていない。

管理事務所には、そんな植村さんの名前が表示されていて誇らしかった。ただ、登山は生還してこそ価値があるということで、真の冬季単独初登頂者は別の外国人登山家という扱いをされていた。

さて、各種手続きが済んだ後、僕達はそのまま一気に標高2200mにあるBCまで小型機で飛んだ。

デナリの山脈の間を縫うようにスレスレで飛んでいくため、事故なんて起きないとわかりつつも、岸壁にぶつかってしまうのではないかとヒヤヒヤした。

45分間のフライトを終え、無事にBCに着陸し、いよいよデナリ登山が開始する。

初日はBCで滞在するだけだが、しばらく街の食事が食べられなくなるということで、タルキートナで買ってきたピザをみんなで食べた。これ以降はひたすらパンケーキ地獄が始まることになる。僕は結構好きだが……。

翌日から高度を上げていく予定だったが、天候不良のため、いきなりBCで2日も停滞日となってしまった。

デナリ登山では合計3週間程度の予定が組まれており、そのうち6日くらいは予備日となっているのだが、いきなり2日分の予備日を使ってしまい、しかも全く疲れていないBCで無理やり休むことになり、何とも幸先の悪いスタートとなった。

## 60kgを自ら荷上げする

本来、高度が低い行程は、さほど大変ではないのだから、多少天候が悪くても前に進みたかったのだが、チームの判断のためどうしようもない。

デナリのガイド達は、なんとなく何が何でもクライアントを登頂させようという意気込みがなく、淡々と計画通りの行程を無事にこなせれば良いと考えているように感じた。

BC滞在中は、BCの周囲が崖で囲まれていることから、頻繁に雪崩が起き、その轟音で毎回驚かされる。地形からして、テント場まで雪崩が届くことはないのだが、一瞬何が起きたのかと思う。

僕達は、2日間の停滞日を挟んで、4日目にしてようやくBCを出て、5時間程度で標高2400mのC1に移動することができた。

デナリ登山では、シェルパという役割が存在せず、基本的に登山期間分の食料、燃料、テント、寝袋、装備品などの全てのアイテムを自分達で運ばなければならない。

そのため、1人当たりの荷物の重量は60kg程度にはなるが、C1までは比較的なだらかな斜面が続き、荷物の大半をソリに載せて引きずって歩いていけば良いだけだったので、重量はさほど問題にならなかった。

移動の際は、足にはスノーシューを装着して歩く。雪上歩行でも滑らずに歩けるし、靴だと雪に足が埋まったり、クレバスを突き破ったりしやすくなるからだ。

C1に到着すると、まずはキャンプ地の範囲を決め、クレバスがないかを細長い竹のような長い棒を地面に刺して確認し、さらに地面を踏み固めて平らに整地した上でテントの設営をする。整地作業が甘いと寝ている間に人の体重で地面が凹んできて寝づらくなるので、かなり大切な作業で丁寧にしなければならない。

トイレは、小はキャンプ地では参加者が同じピーホールにまとめてし、大は特製のビニール袋に入れて持ち帰ることになる。

ちなみに、大をするためにプラスチックのバケツが用意されており、この中にビニール袋を設置して、用を足して、バケツの蓋を閉めて持ち運ぶのだが、デナリではこのバケツのことをCMC（Clean Mountain Can）と呼ぶ。

さて、今夜はここで宿泊となるが、特に疲労もなく、まだまだ余裕だ。

## ソリを扱う

しかし、C1からさらに高度を上げていく行程では、斜面の傾斜が増していくし、真っ直ぐ平坦に伸びる斜面だけではなく、進行方向に対して左右に高低のある斜面をトラバースする箇所もあるため、ソリが思うように進行方向に滑らずに左右に横滑りしたりして安定しなくなる。また、降りの斜面を進む場合には、ソリが荷物の重量で下方向に進みすぎて体が引っ張られすぎたり、さらに、前後の人とロープで繋いで登山をするがソリが不安定に動くと前後の人も揺さぶられてしまってチーム全体として歩きにくくなったりしてしまう。

そのため、ソリに全ての荷物を載せて移動することができず、バックパックとソリに荷物を分割して運ぶことになる。ちなみに、こういった荷物の運び方はビンソンの登山に似ているため、ビンソンはミニデナリと呼ばれていた。

バックパックとソリの重量の配分は、1：2にしろと言われるが、僕は1：4ぐらいにしていた。荷物は背負うよりもソリに載せて滑らせながら運ぶ方が圧倒的に楽で、バックパックを重くすると肩や背中が痛くなるからだ。その分、元々の荷物量を減らして、ソリが重くなりすぎないように注意していた。

それでも、ガイドが僕のソリとバックパックの荷物の膨らみ具合から、もっとバックパックに荷物を詰めろと言って来たので、軽くて体積の大きいシェルのような荷物をバックパックに詰め、逆に重くて体積の小さい食料品や燃料などをソリに載せ、ぱっと見で1：2くらいの配分で荷物を分けているかのように見せかけていた。

また、バックパックとソリに荷物を分けても総重量が重くてまとめて運ぶのは結局大変であることと、高度順応のために一気に高度を上げすぎないようにするために、C1から上部に進む際には三行程で高度を上げていくことになる。

つまり、三行程のうち1日目は、C1を出る際、荷物の半分だけを運んでC1とC2の間まで行き、その雪の中に荷物を埋めて、C1に戻ってくる。2日目は、C1のテントを畳んだ上で残りの全ての荷物を運んでC2に移動し、C1到着時と同様にC2を設営してそのまま滞在する。3日目で、C2から、C1とC2の間に埋めっぱなしの荷物を回収してC2に戻ってくる。

このように三行程かけて、キャンプの高度を1つずつ上げて登っていくことになる。天候の悪い日以外は毎日6〜8時間の行程をこなす必要があり、参加者は段々と疲弊していく。

僕達の場合は、BCを出てから、5日目にC1から、C1とC2の間まで8時間で往復。6日目にC1から標高3100mのC2に6時間半で移動。7日目に途中に埋めてきた荷物を3時間で回収。8日目にC2からC3の間まで7時間半で往復移動。9日目にC2から標高4300mのC3に7時間で移動。10日目に途中で埋めてきた荷物を2時間で回収と、順調に高度を上げていった。

チームによっては、C1とC3の間に、2回キャンプを挟むこともあり、その場合は、僕達のC3がC4の扱いとなる。

## カミカゼアタックと揶揄

途中、クレバスだらけのルートがあったが、僕達のチームは3人1組をロープで繋ぎ合い、ロープを常にピンと張りながら、誰かがクレバスにハマってもまとめて落ちてしまわないように慎重に進んで行った。

デナリのクレバスはやっかいで、比較的大きな穴なのに表面が雪で覆われていることがあり、2012年には日本人隊5人が丸ごとクレバスに飲み込まれてしまい、うち1人だけがクレバスから這い上がって生還したものの、残る4人が死亡するという事故が起きたこともある。

また、風が強く落石の多い場所もあり、そこは急いで通過した。万が一、落石が向かってきたら、背を向けてバックパックで受け止めるようにと言われていたが、ひとまず無事だった。

そうして到着したC3はそれまでのキャンプ地と違って広大で平らな敷地に設営されており、ここから見渡せる景色は、この程度の高度の中では他のどの山よりも美しかった。このアラスカの冷たく清々しい空気の中でこの景色が見られただけで、デナリに参加した甲斐があったと思うほどだった。

次は標高5200mのC4に向けて高度を上げていく予定だが、何日かC3で休養することになった。

参加者の中には高度順応が十分でなく、またこれまでの行程で疲弊しきったため、ヘリでレスキューされて下山していった人もいた。

デナリは単独登山者も比較的多いが、そのために死者も出やすい。この年は日本人の単独登山者が凍死した状態で発見された。

デナリのガイドいわく、日本人は登頂にこだわりすぎて事故を起こしやすいのだそうだ。カミカゼアタックと不謹慎な揶揄までされてしまっていた。

C3に着いてからは悪天候が続き、上に進めない日が何日か続いていたが、1日だけ少し天気が回復した日があったため、C3とC4の間に荷物を埋めにいくことになった。

しかし、今後の天気予報は、何日も不安定な状態が続くようで、果たしてハイキャンプに移動してアタックできるかがわからないようだった。最悪、埋めた荷物も取りに行けないかもしれないから、装備品などは置いてきてはダメで、食料品や燃料など、置きっぱなしになっても構わない物だけを荷揚げしようと言われた。

## 鬼門はC3↓C4

Mountain tripのチームは時間差で何チームもデナリに入ってくるので、僕達が埋めた荷物を回収できない場合には、後から来たチームが埋まっている荷物をそのまま利用することもあるが、参加者個人の装備品は回収して参加者に戻すのは大変なので控えてくれとのことだ。

そして、僕達はC3を出発した。

デナリ登山では、C3からC4までの行程が鬼門で、おそらく傾斜角40度以上はある斜面を、フィックスロープにアセンダーという器具をひっかけながら、2、3時間ぶっ続けで登らないといけない。

急勾配の斜面に慣れていない人であれば、直角に感じるくらいだろう。

僕も登る時はペンギン歩きのように足をハの字に開いて登ったり、両足を斜面の90度方向に同じ向きにして登ったりと苦戦したし、足首が随分疲弊した。

また、地面が凍っている場所もあり、アイゼンをきちんと効かせて踏ん張らないと滑って転んでしまいそうだ。

しかし、苦戦しつつも何とか通過し、その後、ナイフの刃先のように両側が崖になっている狭いルートを通り、無事に荷物を雪の中に埋める地点まで辿り着いた。

僕はチームの共同の装備以外には、無くなってしまっても構わないアタック用の下着だけを埋め、Ｃ３に戻った。

しかし、翌日以降も天候が悪く、Ｃ３で停滞する日が続いた。

そんな中、なんと真鈴が同じキャンプ地にいるのを発見した。世界中で人気の山は登山シーズンが限られているので、あちこちで再会するのはよくあることだ。

真鈴は今年の5月に日本人最年少でエベレスト登頂も果たしていた。

再会して話を聞くと、今回のデナリ登頂でセブンサミッツも制覇となるが、ユニクロがスポンサーになっていることから下山後に記者会見が組まれているため、何としても登頂しないといけないのだそうだ。

そして、デナリには、僕達のチームの行程より数週間早く別のチームで参加し、Ｃ４まで行ったものの１週間も悪天候でテント内で缶詰にされた挙句、登頂できずに撤退し、下山して一度タルキートナに戻ったものの再度新規で１対１で登ってくれるガイドを探して休む間もなく二度目のデナリにやってきたらしい。

なんという根性と体力なのだろうか。凄まじい。二度目だと高度順応もルート把握もできているから、全日程を短縮して荷物を減らし、キャンプの高度を上げる際も三行程ではなく一気に全ての荷物を運んで上部キャンプに移動してきたようだ。

そして、今ちょうど、Ｃ２からＣ３に上がってきたところだという。

# 不完全燃焼で撤退

ただ、僕達のチームは、今後も悪天候が続きそうな予報だということと、当初計画されていた行程内の予備日を使い切ってしまうだろうという判断の下、下山することになってしまった。

予備日はまだ数日残っていたし、C4まで移動した上で断念するならまだしも、初めから保守的に撤退する方針にはあまり納得できなかった。しかも、後から言っても仕方ないが、予備日がそんなに貴重なら、どうしてBCで多少天候が悪いくらいで2日も停滞したのか。しかし、C4でストームでも来てしまったら、下山すらできなくなってしまうリスクがあることも理解はしなければならない。

せっかくアラスカまで来たというのに、全く不完全燃焼で、大して疲労もなく、まだまだ登れるのに撤退となってしまった。

真鈴と会った翌日から、僕達は下山のためにC3を出ることになったが、一方、真鈴はガイドの了承を得て、C4に移動するようだった。

これは、僕はチーム登山で全員のペースに合わせなければならないが、真鈴はマンツーマンのガイドを雇っているため自分さえ登山できる余力があればガイドが一緒に行ってくれるという違いだ。ただ、マンツーの登山は、複数人の参加者でガイドをシェアするチーム登山に比べると2、3倍の費用を要する。

結局、僕はそのままBCまで下山したが、BCに着いてからも天候が回復せず、タルキートナに戻るフライトが1週間近く飛ばなかった。

すると、真鈴が無事に登頂した後で、BCまで追いついてきて合流した。結果論ではあるが、天候もそこまで悪くはなかったようだ。

南極の時と同じように、結果的には僕も真鈴と同じ行程で行ける物理的な機会はあったわけで、とても残念に思った。でも、僕はチームで参加していたし仕方ない。山は今後もここにあるわけだから、保守的に安全をとり、また戻ってくれば良いのだと自分に言い聞かせた。

その後は、僕も真鈴も同じタイミングでタルキートナを経由して、アンカレッジに戻った。真鈴はアンカレッジでホテルの予約をしていないから、僕の部屋で寝させてくれというので、使わせてあげた。19歳の女子大生と一緒に寝るのはとんでもないと思う人がいるかもしれないが、そもそも登山中は男女が同じテントで寝ることはさほど珍しいことではないため、僕と真鈴では違和感がなかった。

翌日、僕と真鈴は一緒にアンカレッジ市内でランチをしに行ったら、真鈴は市内移動の際に乗ったタクシーの中にスマホを忘れてきてしまった。

すぐにタクシー会社に連絡したものの忘れ物はないと言われたが、真鈴いわくタクシー内で使用し、その後、タクシーを降りた場所で紛失に気がついたから、絶対にタクシー内に忘れたが、運転手が盗みつつなかったことにしているに違いないとのこと。いずれにしても、真鈴はスマホに入っていたデナリでの写真も失ってしまい、かなりショックを受けていた。登頂できた幸運がこんな悲運でバランスを取ることになるとは。

ただ、僕は真鈴の活躍を見て、僕も本当にエベレストに挑戦してみようかなと思うようになった。また、デナリにも登頂できなかったので、また改めて来ようと胸に誓った。

# 第4章

# エベレストへの道

## チョオユーに挑戦

デナリを撤退して消化不良だった僕は、次は一気に標高を上げて、ヒマラヤに挑戦してみたいと思った。

そして、秋に挑戦できる山として、標高８２０１ｍで世界6位のチョオユーを目指すことにした。場所はネパールとチベットの間にあるが、チベット側から登るのがノーマルルートだ。チョオユーは、マナスルと並んで世界にある８０００ｍ峰の14座の中では比較的登りやすい山と言われており、エベレストの前哨戦に使われることも多い山だ。ちなみに、８０００ｍの14座は全てがヒマラヤにある。

僕は、ニュージーランドに拠点があるAdventure Consultants社が主催するチョオユー登山に申し込んだ。費用は忘れてしまったが、４００万円程度だった気がする。

そして、２０１６年9月初めにネパールの首都カトマンズに飛んだ。ヒマラヤの８０００ｍ峰でもパキスタンにあるＫ２などの一部の山以外はカトマンズを拠点とすることが多い。

僕がカトマンズに来るのは22歳の大学卒業旅行以来、13年ぶりだった。

お話ししたとおり、カトマンズには日本食レストランが多く、軽く市内散策をしつつ、今回登山を共にするチームと合流し、装備品のチェックなどを済ませて、すぐにチベットの古都で

## 第4章
## エベレストへの道

あるラサに飛んだ。

カトマンズも街中にしては標高が高くて1400mあるが、ラサは3800mもある。

フライトで一気に高度を上げたため、当然、軽い高山病の症状は出てしまい、息切れをしたり、歩くと多少くらくらしたりする。

そのため2日間はラサの市内観光をしたり、お寺にお祈りに行ったりして高度順応に努めた。

その後、チョオユーのBCまで数日かけて高度を上げていくドライブとなる。

途中、ティンリという標高4350mにある町に寄った。ここからは遠目にエベレストがとても綺麗に見ることができた。

エベレストは周囲が山々で囲まれていることから、ちょうど良い角度でないとなかなか姿を見せないのだが、このティンリからはほぼ山頂までが見渡せる。

そして、標高4800mのBCに着いた。高度にはかなり慣れてきて、苦しさはなくなっていた。

さらに休養日を挟みつつ、数日かけて、標高5700mのアドバンスドベースキャンプ(ABC)まで移動した。

## プジャとシェルパ

ルートはさほど面白いものはなく、標高の高いトレッキングのような感じだ。

周囲は氷河帯が見えるようになってきて、ヒマラヤに来たことを実感する。

チョオユーではABCを拠点として高度を上げ下げしつつ、高度順応を進め、アタックを狙うことになる。そのため、ABCにはトータルの滞在日数が長くなるが、WI‐FIの基地局も設置されていて、ネットが使用できるようになっていたりと、環境はなかなか快適だ。

ABCに到着した翌日には、プジャという祈禱が行われた。これはヒマラヤでは登山の安全を祈って必ず行われるもので、現地のシェルパはプジャをするまでは高度を上げたがらない人もいるくらいだ。

ちなみにシェルパとは、元はネパールの少数民族の名前である。今ではシェルパ族出身者はネパールだけでなく、チベット、ブータンなど、様々な地域で暮らしているが、元はネパールのエベレスト南部の山中の高所で暮らしていた。

そのため高所に慣れていて強かったことから、外国人の登山隊がヒマラヤ登山をする際に荷物運びとして雇うようになり、シェルパ族も登山技術を磨き、現在のヒマラヤ登山では彼らの役割は必須となった。

そして、いつの間にか外国人登山者の荷物運びやその他サポート全般を支援する仕事をしてくれる人のことを、出身民族に関係なくシェルパと呼ぶようになったのだ。

さて、僕達はプジャを終え、いよいよ標高６４００ｍにあるＣ１以上に高度を上げていくことになったが、参加者の一人であるオーストラリア人が全く高度に順応できず、意識障害となり、そのままリタイヤしてしまった。

参加者が一人減ったが、残りのメンバーでＣ１まで辿り着き、一旦ＡＢＣまで戻ってきた。ただこの時、僕はなぜか登山にあまり集中できていなかった。

自分でも理由ははっきりしないが、第一にチョオユーの登山ルートがあまり面白くなく、ＡＢＣまでは土と岩の多いトレッキングコースが続いていたこと、途中で寄ったラサの町も雰囲気が薄暗くてテンションが上がらなかったこと、また、昨年秋から立て続けに海外登山を続けてきたが、やや頻度が高くて中弛《なかだる》みしていたことが原因だと考えられる。

## 「撤退」を決断

特に僕は日本隊ではなく海外登山隊ばかりを利用していたため、基本的に日本語が話せない環境で、食事も登山の仕方も日本人にカスタマイズされておらず、ひたすらパンケーキやシリアルを食べることになったりと、うんざりすることも多かったのだ。

さらに、C1にタッチしてABCに戻ってきた際、さらに高度を上げていくのにはエイト環が必要だと言われた。エイト環とは下山時に急勾配の斜面や崖のような場所を懸垂下降する際に安全かつ楽に降りるための登山道具だが、僕はこれを持っていなかった。カトマンズでガイドと共に装備品のチェックをしたはずだが、漏れていたのだ。

その時、ふと我に帰り、ヒマラヤの8000m峰に挑戦しているというのに、僕は海外登山が続いていたせいで1つ1つの山に軽く挑戦し過ぎていたし、海外登山隊での参加でガイドとのコミュニケーションも取り切れていない。

こんな状態で雑に登山に挑戦していたら、すぐに事故が起きてしまうだろう。真冬のエルブルスで感じた自然の怖さや、デナリで亡くなった日本人のことも思い出した。

そして、僕はここで撤退することに決めるのだった。

ガイドにその旨を話すと、そのガイドは、弱かった足手まといのオーストラリア人が撤退したおかげでようやく強い参加者だけのチームになれたと思っていたのに残念だったと言った。

これを聞いて、ガイドでありながら、参加者の資質にそんなケチをつけるのであれば、最初から登山経歴書の条件や練習登山を厳しく課して参加を制限すれば良いのだし、参加を受け付けておきながらその言い様は無責任ではないかと感じた。

ますます、このガイドとコミュニケーションが円滑ではないまま高度を上げていくことは危険だと思い、撤退の意思を改めて伝え、僕はチームを離れて下山した。

自らの意思で撤退するのは初めてだったが、前回のデナリで天候不良で何も抗うこともできずに撤退させられた経験があったからこそ、登山とは常に登頂にこだわっても仕方がないという考えを持てるようになっていたのだ。

## キナバル登頂

3週間近い日数と400万円もの高額な参加費用を費やしたチョオユーで惨敗した僕は、登山へのモチベーションが下がっていた。

また、2016年11月からTOKYO MXの「ひるキュン」という昼の情報番組に週一でレギュラー出演させてもらうことになり、しばらく長期の海外遠征は行きづらい状況になっていた。

そのため、2017年は本格的な登山はお休みにしようと思った。

そこで、気軽に行ける登山だけをすることにし、6月にマレーシアにあるキナバルに登ってきた。

キナバルは標高4095mで、東南アジアでは最高峰だが、多少登山経験がある人ならとても簡単に登れる山だ。

参加費用もフライトやガイド料込みで30万円程度なので、海外登山にしてはお手頃だ。

僕はまずは日本を出て、マレーシアの首都クアラルンプールを経由して、ボルネオ半島にあるコタキナバルに移動した。

翌日、ツアーの現地担当者に車で連れられ、キナバル国立公園の事務所があるパークヘッドクウォーターまで移動し、現地の登山ガイドと合流した後、標高1850mの登山口のあるTimpohon Gateに向かった。

登山口に着くと、そのまま登山を開始し、ジャングルの道のりを歩み続け、4時間程度で標高3300mの山小屋のあるLaban Rataに到着した。

3日目にはアタックで、一気に山頂のローズピークにタッチしつつ、その日のうちに下山してコタキナバルまで戻った。

アタックの所要時間はせいぜい4時間程度で、ずっと大きくて比較的平らな岩の上を歩き続けるだけで登山としての面白さは少ないが、キナバル山のあるキナバル公園内はユネスコの世界自然遺産にも登録されているだけあって、見晴らしが良くて景色は綺麗だった。

また時差がわずか1時間のアジア圏という点でも、海外登山の入門にお勧めできる良い山だった。

## シャモニーからモンブランへ

僕は7月には標高4807mのモンブランにも挑戦した。

モンブランというと栗のケーキを思い出す人もいるかもしれないが、フランスにあるこの山の形が由来で、フランス語でMont Blanc（白い山）という意味だ。

モンブランの標高は引用元によって若干異なっているが、これはまさに山頂部が氷雪に覆われた白い山となっており、その氷雪の融解度によって、2年ごとに標高が計測し直されているため、4807～4810mの間でやや変動しているのだ。

セブンサミッツの定義論争の時に、ヨーロッパ最高峰としてロシアを含めたエルブルスという説もあれば、少数ながらロシアを含めずにモンブランを最高峰という説もある。

そのため、めんどくさいからどちらも登っておこうと思ったし、それ以上におそらくエルブルスより知名度も人気もあるモンブランには一度登ってみたいと思っていた。

ただ、僕は毎週火曜の昼12時から「ひるキュン」に生放送で出演しているため、これを飛ばさない前提だと、火曜昼過ぎから翌週の火曜朝までの約7日間で行って帰ってこなければならない。

そのため、モンブラン登山は通常は日本発着で9、10日かける行程を短縮してこなす必要がある。

まず、日本を出てフライトを乗り継いで、フランスのシャモニーに到着した。

シャモニーは日本ではなぜかそこまで有名ではないが、欧米人からは非常に人気のリゾート地で、標高1035mにあり、モンブランを中心に壮大なアルプスの山々とアルブ川などの自然に囲まれた渓谷にある町で、本当に美しい。

夏は登山、ハイキング、ロッククライミング、冬はスキーやスノーボードなど、一年中様々なアクティビティが楽しめ、1924年には冬季オリンピックも開催されている。

シャモニーの市街地も美しいが、特にエギュイ・デュ・ミディ展望台は圧巻だ。これはシャモニーを代表する観光スポットだが、町からロープウェイで約20分で辿り着くことができ、標高3842mにある。

ロープウェイを降りるとモンブランが眼前にあり、360度の絶景パノラマビューを楽しむことができる。

世界広しといえども、これだけの絶景を自力で歩くことなく堪能できるのはここしかない。これほど綺麗な自然の中に巨大なロープウェイや展望台を建築することは、今なら環境保護による反対運動が起こるだろうから、今後、シャモニーほど手軽に雄大な景色が眺める場所は現れないかもしれない。ただ、標高がかなり高く、慣れていない人は展望台に着くなりふらふらして転倒してしまうので注意が必要だ。

モンブランの登山者にとっては、観光を兼ねた軽い高度順応にもなる。

## モンブランの山頂を踏む

僕は、たまたま現地に滞在していた日本人ガイドで、日本テレビ系「世界の果てまでイッテQ！」でイモトアヤコさんのガイド役も務める角谷《かどや》道弘さんにガイドをお願いできることになり、一緒にモンブランに登ってもらうことになった。

まず、登山鉄道で標高2372mにあるニーデーグル駅まで行き、そこから登山開始となった。

序盤は普通のトレッキングで難なく登り進めていき、せいぜい2時間程度で標高3170mのテートルース小屋に到着し、初日はここで宿泊となった。

本来、2日目は、もう一つ高い位置にある標高3817mのグーテ小屋まで移動して宿泊した上で、3日目にアタックしてグーテ小屋かテートルース小屋で泊まり、4日目に下山するのが標準的な行程だが、僕は行程を短縮する必要があるのと、グーテ小屋は満室で予約ができなかったため、2日目にテートルース小屋から一気にアタックしてさらに下山までするという強行日程で行くことにした。

モンブランは世界的に人気な山で、山小屋は予約開始と同時にすぐに満室になってしまうの

モンブラン山頂で「ひるキュン」ポーズ

で、挑戦したい場合は早めの予約が必要だ。特にグーテ小屋はドーム状の外観も美しくお勧めだ。

さて、2日目は長い行程になることが予想されたため、朝2時にテートルース小屋を出発し、ヘッドランプの灯りを頼りに登山を開始した。

グーテ小屋くらいまでは岩場があるくらいで普通のトレッキングのルートだが、途中に岩腹に大きな上下の溝が入っているクーロワールがあり、ここは落石が非常に多く、毎年死亡者も出ている危険な場所だ。

グーテ小屋を超えた辺りから広大な雪稜に入るが、標高4304mのドームドグーテという小高い頂を過ぎた頃に日が登り始めた。

山頂まであと少しだが、ここからが最も危険なルートで、両側が崖になっていて幅1〜

2mの刃先のようなナイフリッジが続く。

ここも慎重に登り進め、無事に頂上に辿り着くことができた。

頂上では、レギュラーで出演させてもらっている「ひるキュン」の番組内で演者が使うポーズ（胸の前で両手を重ね合わせる）で写真を撮り、下山の途に向かった。

下山は行きと基本的には同じルートだが、落石の多い箇所は午後の時間帯は雪が溶けているためさらに落石が発生しやすくなっているし、また岩場のルートは大抵登りよりも降りが難しい。

しかも、標準的な行程に比べて行動時間も長く、休憩時間は2時間に5分くらいしか取っていないため、やや疲労も蓄積してきて、足元が少しふらつくこともあった。

それでも、なんとか町まで無事に下山したが、結局、2日目は計16時間の行程となった。

モンブランは有名で人気があるし、誰でも登れるイメージがあるかもしれないが、実際には危険な難所もあり、十分な訓練と準備をして臨むべき山だった。

下山後は1日だけ余裕ができたことから、最後にシャモニーの市街地を堪能し、帰国した。日本に着いたのは火曜日の朝で、羽田空港からそのまま半蔵門にあるTOKYO　MXのスタジオに向かい、パフォーマンスも兼ねて登山服にヘルメットを被って番組に出演させてもらったのも良い思い出だ。

## いよいよエベレストに挑戦

２０１７年の終わりにレギュラー番組が終了し、長期で日本を離れることが可能になったことから、２０１８年にいよいよエベレストに挑戦することにした。

真鈴からは、登山会社のお勧めは日本隊のアドベンチャーガイヅ（ＡＧ）だと聞かされていた。

近藤謙司さんという国際山岳ガイドが社長を務めている会社で、近藤さんは当時55歳であったがエベレストにはなんと6回も登頂しているそうだ。

登山に関する知識経験はもちろん、キャラクターもユーモアがあって面白いらしく、僕はできればＡＧにエベレストのガイドをお願いしたいと思った。

なぜなら、海外隊は、エルブルスでは食事がアタック当日なのにオートミールだけだったり、デナリではガイドが参加者の達成度にあまり関心がないように思えたし、チョオユーではガイドとの英語のコミュニケーションが円滑ではなく装備品の漏れが発生していたりと、価格が安い以外にあまり良い点がないと実感したからだ。

世界最高峰のエベレストに挑戦するからには、多少、費用が高くなっても、サービスがきめ細やかで日本語も話せて、食事などが日本人向きにカスタマイズされている日本隊で行きたいと思った。

そして、当時、日本で公募隊としてエベレストに挑んでいたのはＡＧしかなかった。公募隊とは、近藤さんのようなリーダーがガイドとして登山参加者を募って、チームを組成する方法をいうが、それだけ経験値があり、かつ、現地でもシェルパを手配できるだけのネットワークを持っている日本人ガイドは日本では近藤さん以外にはほぼ存在しないのだ。

他に日本人ガイドでエベレスト登山を主催している人は、自らがリーダーとして独立してチームを組成するのではなく、他の外国人登山隊に丸ごと混ざって混合チームとなっているところばかりだ。

そこで、真鈴から近藤さんを紹介してもらい、ＡＧの事務所に相談しに行った。近藤さんは、初対面でも非常に気さくで、どんな質問にも的確に答えてくれた。

## 世界最高峰に向けてトレーニング開始

本来、ＡＧの自主的な基準では、一度はエベレスト以外にマナスルやチョオユーといった８０００ｍ峰に登頂してから、エベレスト隊への参加を受け付けているようだが、参加希望者の年齢や登山実績、人柄などを総合考慮して、例外的な受付もしてくれるようだった。

僕の場合は、エベレスト登山の希望者の中では比較的若く、また登山経験については最高高度がアコンカグアの7000m弱しかないが、これまで体力面で苦労したことはないことや、雪山登山もビンソンやデナリで一通り経験済みであることなどから、参加させてもらえることとなった。

そして、僕は4、5月にAG隊のメンバーとしてエベレスト登山に向かうことになった。

4月上旬から登山を開始するのは、毎年5月中旬から下旬が最も登頂のための気象条件が良く、そこに逆算して向かうからだ。

登山の気象条件としては、気温や天気よりも風が弱いことが最重要だが、夏頃だと偏西風だったかが強く吹くようになり、山中にガスが出てしまうため登山には向かない。

僕はエベレストに向けてトレーニングも強化していった。

トレーニングの獲得目標としては、体幹を鍛えること、重たい装備品を持った上で長時間歩行できる持久力をつけること、関節や筋を損傷しないような柔軟性を高めること、肺活量を上げることだ。

僕は、バックパックにA4のコピー用紙500枚のブロックを10冊近く詰め、約20kg程度の荷物にした上で担ぎ、自宅マンションに併設されているジムのランニングマシーンで傾斜角度を10度以上にして2時間程度歩くというようなことを毎日していた。

また、外に出る時はいつも両足首に2kg以上ずつの重りを付け、腸腰筋（足を引き上げる筋肉）や足首を鍛えていた。

さらに自宅のあった六本木から芝浦にある区民プールまで、20kgの荷物を担いで歩いていき、プールで泳いだり水中歩行したりしてから自宅まで戻ってくるというようなことを一日かけて行っていた。

一方、トレーニングによりハムストリングを傷めてしまい、症状が悪化している時は重りがない状態で平地を歩行するだけでも足が痛むこともあった。

そこで、帝京大学の駅伝部のコーチに歩き方の指導を受けたり、同駅伝部を担当している医師からリハビリ指導を受けたりし、さらに出発直前には痛み止めを打ってもらったりしたが、体の調子は万全ではなかった。

少しでも足を保護できるように、自分の足の形にフィットした中敷きを作成するため、岐阜にあるスポーツクリニックにも出向いた。ここには当時中日ドラゴンズの松坂大輔投手も訪れていた。

## チベットかネパールか……

そして、2018年4月10日、いよいよ日本を出発した。

費用は、ガイドやシェルパの人件費、食料や装備品、入山料、移動費等を含めて、ざっくり1000万円だった。

1年半ぶりのカトマンズに着き、他の参加者達と合流した。

今回の隊は、エベレスト登頂を目指すチームと、エベレストBCまでのトレッキングチームとの混合隊だ。

登頂を目指すチームはガイドが近藤さんで、クライアントは5人だ。僕、僕より少し年上のたむちゃん、少し年下のひろくんとさおり、60代くらいの泡爺だ。本名は知らない。

BCまで行くチームは、ガイドが杉本さんと石井さんの2名でクライアントが15人程度だ。

さらに、僕達をまとめてサポートしてくれるシェルパが10人程度いるが、彼らとはエベレスト山中で後に合流する。

エベレスト登山は、大きくはネパール側とチベット側の2ルートあり、どちらもメリットデメリットがある。ネパール側の一番のメリットは政情が安定しているため、道中で余計なトラブルが少ないことだ。逆にチベット側は中国政府の意向で、急にエベレストへの道が封鎖されたり、装備品を没収されたりするリスクがある。

また大きな差として、BCの標高が、ネパール側が約5300mなのに対して、チベット側は約6000mで、チベット側はより高い場所で安定的に高度順応できる。しかもBCまで舗装されていて、車で移動できるため、滞在中に定期的に麓の町まで下山して休養を取るといった選択が取りやすい。

逆にネパール側だと、BCから町に一気に戻るにはヘリを使うため、簡単に行き来ができない。ただ頂上付近のルートは、チベット側の方が険しいと聞く。

今回はネパール側からの登山のため、カトマンズから、エベレスト街道の出発点となる標高2840mのルクラという町までプロペラ機で飛んだ。エベレスト街道とは、ルクラからBCまで続くトレッキングルートだが、途中には様々な集落があり、このトレッキングだけでも魅力は多く、人気のルートだ。

フライトは、気圧調整されていないプロペラ機で一気に高地に飛ぶため、耳を痛めないように耳栓をし、また、高度順応のために呼吸をし続けるように機内では眠らないように言われた。

## エベレスト街道をトレッキング

ルクラに着いたのは朝8時半だったが、高度順応のためにランチまでは動かずに休息した。標高が上り、気温が下がったため、午前だと薄手の服を3枚重ね着しても寒い。ランチを済ませ、正午にはルクラを出発し、標高2640mのパクディンという町に向かった。

道中、大量のヤクとすれ違い、何度も吊り橋を渡り、途中雨にも打たれ、渓谷を越えて、午後3時半にはロッジに到着できた。

エベレスト街道の初日はここで宿泊となったが、日本を出る直前でも痛かった足が、嘘のように痛みが引いている。トレッキングブーツ、サポーター、トレッキングポールがうまく足の負担を抑えてくれているのだと思う。

この調子を維持するためにも、ロッジでの休息中は、ずっと足をマッサージし、ストレッチをし続けていた。テニスボールを持参していたので、それを足の下に入れて長椅子の上でほぐしたりしていた。

また、少しでも風邪などの病気にかからないように、いつもアルコールを使って手指を綺麗に保つようにしていた。

2日目は、朝6時に起き、朝食を食べてパッキングをし、8時にはロッジを出た。

1時間に一度は小休憩を取りつつゆっくり歩いていき、標高2855mのMONJOを経由し、正午には標高2804mのJorsaleに到着した。

ランチを食べ、午後1時半に出発し、3時過ぎに標高3140mのTopdandaを通過し、午後4時半過ぎには標高3443mのナムチェバザールに着いた。

ナムチェバザールは、山中と思えない割と大きな町で、携帯電話は4Gで通信可能で、ATMや登山道具屋や日本食レストランまである。

今夜はここで宿泊だが、今日も足は全く痛まなかった。

AG隊は、それまで僕が参加してきた海外隊に比べて歩くペースがかなり遅いし、休憩回数も1回当たりの休憩時間も長く、非常にスローペースだ。

僕は割と歩くのが速いので、遅いペースに合わせるのは逆に疲れやすいのだが、高度順応のためには意識的に遅く歩く方が良い。

これぐらいの高度だと、すでに多少は高山病の症状が出ている人もいるが、僕は今のところ平気だ。

アコンカグアの登山の際にも説明したが、高度順応のためには水を飲むことが凄く大切で、できれば1日に4～5リットルは飲むべきと言われている。ただ一気に大量に飲むのではダメで、1時間に500㎖程度を毎時間安定的に飲むのが好ましい。

僕は、エベレスト登山中は毎日必ずこれを守っていた。

AG隊では、参加者の体調管理をかなり慎重に丁寧にしており、毎朝晩、全員のSpO2を計測したり、夜は高度順応のためにも9時までは起きているように促したり、毎日の水分摂取量や排尿量を記録したりしてくれていた。

僕は間違いなく、常に参加者の中で一番水分摂取量が多かったし、そのおかげなのかSpO2も常に一番良い値だった。また、深い呼吸と共にマッサージやストレッチをし続けるようにしているので、それが体の隅々まで酸素を運んでくれているのかもしれない。

3日目は、朝6時に起きて朝食を食べた。今朝はうどんと餅が出た。AGは日本人が食べやすいものをなるべく用意してくれるのでありがたい。

僕は海外隊ではひたすらパンケーキを食べ続けるというのも平気だったが、味覚に合っているものの方が癒しもあって嬉しい。

朝食後、8時半に出発し、11時半に標高3950m地点に到達した。

## 登頂に必要なのはフィジカルとメンタル

ここにはエベレストに初登頂したエドモンド・ヒラリーの碑がある。

彼はニュージーランド人だが、1953年5月29日、ネパール人シェルパのテンジンノルゲイと共にエベレストの初登頂を果たした。今でもニュージーランドの5ドル札の肖像になっている英雄だ。

ちなみに、「どうしてエベレストに登るのか?」と聞かれて、「そこに山があるからだ」と答えたジョージ・マロリーも有名だが、彼は1924年にエベレスト登頂に挑戦し、遭難死しているのだが、登頂後に死亡したのか登頂できずに死亡したのかが判明しておらず、真のエベレスト初登頂者は誰かという議論は今も尽きていない。

マロリーの遺体はなんと遭難して75年後の1999年に発見されたが、マロリーが所持していたはずのカメラが見つかっていないままで、それさえ発見されれば真の初登頂者が歴史的に解明されるのではないだろうか。

なお、「そこに山があるから」という回答は誤訳で、「そこにエベレストがあるからだ」というのが正しい訳のようだ。

この場所が今日の行程では一番標高が高いため、1時間ほど高度順応のために滞在した後、高度を下げつつ午後1時半に標高3780mのKhumjungに到着し、今夜はここで宿泊となる。

ランチを食べた後、午後の時間帯は休息になったので、町を徘徊したが、イエティの頭が祀ってあるお寺に見学に行ってきた。しかし実際はカモシカのようだ。

今日は道中で一瞬、足が痛んだ時があり焦ったが、ひとまず大丈夫そうだ。

夜に近藤さんから登山に関していろいろな話があった。

近藤さんいわく、登頂に必要なのは、フィジカルとメンタル。テクニックはガイドが補ってくれる。だから、過去には普通のOLが気合いで登頂してテレビ番組で扱われたこともあると。逆に、これまで事故が起きたケースは高齢者に多く、BCで普通に話していたのにいきなり心臓発作で倒れて亡くなったこともあったようだ。

エベレストの高所には遺体が転がっているという話があるが、ネパール側では遺体は氷河帯に落とされるため、登山者の目のつくところには基本的には放置されていないようだ。

中国側では比較的最近まで遺体がそのまま放置されていたが、2008年の北京オリンピックの聖火リレーでエベレスト山頂に到達することになったため、全て処理されたようだ。

8000m以上の高所だと遺体の回収は著しく困難だが、1980年に世界初でエベレスト北壁を制覇した尾崎隆さんが、2011年のエベレスト登山中に8500m付近で高山病で亡くなった際には、近藤さんの隊により遺体が回収された。これは極めて珍しい例だそうだ。

ただ、それ以降、意外に遺体の回収が可能ということがわかり、最近ではチーム内で死者が出た場合には、そのチームで遺体を回収することがルールとなっているようだ。

４日目、今朝もメディカルチェックは良好。

日本を出る前に健康診断を受けたが、肺活量は６０００以上あり、心肺機能は強い。

## 続出する体調不良者

SpO2は、今の高度だと他の参加者は80前半くらいだが、僕は95を維持している。寝ている間はさすがに80台に値が落ちるが、少し目覚めて呼吸をし直すとすぐに90以上には回復する。

もっとも、高所登山において、SpO2の値は体調のバロメーターとして非常に重要だが、あくまでも数字に過ぎないので一喜一憂し過ぎてはいけない。人によって、同じ値でも安全な人もいれば危険な人もいる。あくまでもペースメーカーとして体調管理の目安に使うのが好ましい。

朝食は蕎麦だった。ＡＧ隊では麵類がよく出るが、昔、物理でボイルシャルルの法則で習ったように、高所では気圧が低く、沸点も低くなるため、麵類を茹でる場合には地上の何倍かの時間をかけて茹でる必要がある。

朝食後、朝８時過ぎにロッジを出発し、今日は高度を下げ続け、10時前には標高３２５０m

のRhungiThangaに到着。

昨晩は、参加者の中では高度順応できずに体調を崩していた人が何人もいたが、高度を下げたことで、みなさん体調が回復しているようだ。

ただ、ここから再び高度を上げていき、午後1時に標高３８２０ｍのDebocheに到着。高度順応も兼ねて長めのランチ休憩をした後、午後3時に出発し、午後5時頃に標高３９３０ｍのPangbocheに到着し、今日の行程はここまでとなった。

道中、崖崩れをしている箇所がいくつかあり、吊り橋が完全に落ちてしまっているところさえあった。

僕は今日も体調は万全で、足の痛みもなかった。

５日目、起床時のメディカルチェックがやや悪く、SpO2が80前半だった。とはいえ、ＡＧ隊では最も良いぐらいではあるが。

朝食後、８時半にロッジを出て、近くのお寺に行ってプジャ（祈禱）をしてもらいに行った。ヒマラヤ登山隊には恒例の儀式だ。

９時半にプジャを終えて出発し、11時前にShomareを通過し、午後2時には今日の宿泊地となる標高４４４０ｍのDingbocheに到着した。

これぐらいの高度になると、雪が降り出してくるし、僕もやや頭が痛くなることがあったり、足元がふらついたりする。とはいえ、バイタルは問題なし。

これ以降は携帯会社の現地SIMでの通信はできなくなり、衛星通信の設備がある場所のみWI-FI利用をすることになる。登山ではネットが使えるかどうかは非常に大切で、それは友人や家族と繋がれることでメンタルに大きな影響を及ぼすし、山の天気情報も常に最新のデータが得られるかどうかも大切だ。

6日目の朝、昨晩やや頭痛があったのが緩和しており、一晩滞在したことでこの高度には順応できていることを感じた。相変わらず、水は大量に飲み続け、マッサージやストレッチも欠かさずしている。

ただ、エベレスト街道は空気が乾燥し、埃《ほこり》っぽいので、喉が痛むようになってきた。

これは真鈴からも聞かされていた。真鈴がエベレスト登頂した時も、周囲の人は咳だらけで、さらにエベレスト街道のロッジの食事では古い油が使われているためお腹を下す人も多かったと。

実際、AG隊も体調不良者が続出しており、ふらふらになってきていた。ただ、それはBCまで行くトレッキングチームの人が中心で、やはり登頂を目指す5人は強くて比較的元気だった。

僕もバイタルは十分良好だし、幸いお腹の調子は悪くはなかったが、高度が上がるだけで消化機能が落ちて消化不良になりやすいので、お腹の調子を改善する市販薬は飲み続けていた。

## テント生活が始まった

今日は、宿泊地は変えずに、高度順応のために一度標高5000mくらいまでタッチして、Dingboche に戻ってくる予定だ。

8時過ぎにロッジを出て、高度を上げ続け、11時頃には標高5000mを超えた辺りで引き返してきた。

7日目は、ロブチェという山のBCに移動する予定だ。

ロブチェはエベレスト街道沿いにある山で、標高6135mの西峰と、標高6090mの東峰から成っているが、西峰はかなりテクニカルな山なので、大抵、高度順応のために東峰に登る。

AG隊のうち、エベレストBCにのみ行くツアーの人達は、ロブチェを登るのが最大の目的でもある。朝8時過ぎにロッジを出て、11時に標高4620mの Thukla に着いてランチをした。

すでに登山ルートは氷河帯の上であり、氷河の上に乗っている砂利と砂の道だ。

道中、エベレスト山中で亡くなった人達の墓が並んでいる地点を通った。間違ってもここの一員にならずに登頂して帰るぞと決意を再度噛み締める。

午後2時には標高4910mのロブチェBCに到着した。今日からはロッジではなくテント生活が始まるが、登頂を目指す組は一人一つのテントを使わせてもらえ、BCまでの組は2人で一つのテントを共有することになった。

テント生活は快適で、寝袋に入っていると南極のマイナス30℃でも寒さを感じなかったぐらいなので、エベレストでも特に不足はない。ただ、高度を上げていく場合には、大切な装備品などは凍結しないように寝袋の中に入れておく必要がある。

トイレは、多くの参加者が好き勝手にあちこちでしてしまうと衛生上問題なので、チームごとに決まった場所にする。エベレストは、今ではBC以上は排泄物の持ち帰りが義務付けられているが、この頃はまだそこまでのルール化はされていなかった。テント内での小はピーボトルにするのが通常だ。

水は氷河から流れてくる水を煮沸して利用するが、高度を上げていった場合には氷雪を溶かして利用する。

火はガスボンベを大量に持っていくが、電気はソーラーの充電に頼るため天気が悪い時は不安定になるが充電もするのでさほど困ることはない。

WI‐FIは、ロブチェでは使用できないが、エベレストBCでは、世界中からの参加チームで共同で経費負担して立派な通信衛星によるシステムを整備しているため、利用可能となる。

さて8日目は、高度順応のために、ロブチェBCで停滞するが、午前中のうちに3時間程度、高度を少しだけ上げて戻ってきた。ランチ後には、装備品のチェックをし、フィックスロープの扱い方の練習をした。

フィックスロープとは、これまでの登山でも何度も出てきたが、急勾配の斜面やバランスの悪いルートを通る際に滑落してしまわないように、岸壁や氷雪に鉄製の杭を一定間隔で支柱として打ち込み、各支柱にロープを通して、命綱を掛けるために設置された固定ロープのことである。

登山者は自らの腰に巻きつけたハーネスに1m程度のロープをつけ、そのロープの先端にアセンダーとカラビナという器具をつけた上で、両器具をフィックスロープにかけつつ不安定な箇所を登り降りする。

アセンダーは、ロープに噛ませると、前には進むが後ろには戻らないような弁の構造になっており、例えば傾斜を登っていく際には前に進むが、途中で転んでしまっても、アセンダーがひっかかって今いる地点よりも下には落ちないような仕組みになっている。

急斜面を登っていく場合には、下半身だけを頼りに登るとすぐに足首を疲弊して消耗しきってしまうので、アセンダーを使っていかに上半身も使いながら体全体を均等に消耗しながら進んでいくかが大切だが、これは練習して体で覚えるしかない。

## 6090mのロブチェ東峰に登頂

9日目、起床時のメディカルチェックも良好で、頭痛も全くなく、よく順応できていることを実感する。

朝方は寒くて、マイナス13℃だった。体を動かしていない時は上下フルダウンを着ていた。

今日も高度順応日で、朝9時半から午後4時にかけて、標高5300mくらいまで高度を上げてから、ロブチェBCに戻ってきた。

標高5300mには、ロブチェのC1があり、他の隊の多くはここでキャンプをするがAG隊はもう少し高い位置にC1を設営する予定のようだ。

10日目から、いよいよBCを離れて、ロブチェの頂上を目指して高度を上げていく。

朝10時前に出発して、標高5600mのC1に着いたのが午後3時半。

今日までの行程ではトレッキングシューズしか履いていなかったが、今日からは途中から雪や氷の上を歩くため、三重構造の高所履にアイゼンを装着して歩いている。

僕の高所靴は、これまで南極、エルブルス、デナリ、チョオユー、モンブランとお世話になってきたスポルティバ社のオリンポスというトリプルブーツだ。相変わらず足にはフィットしていないため、足にキズパッドを貼り、テーピングを巻きつけて、靴紐を緩めて無理やり履いているが、歩いてみると意外に違和感はない。

明日はサミットで朝4時起きなので、今夜は夕飯を食べたら8時には寝た。

11日目、5時半にロブチェのC1を出て、アタック開始。

順調に高度を上げ、7時半には標高6090mのロブチェ東峰に登頂した。

道中、急勾配でフィックスロープにアセンダーをかけて登り続けたが、短時間ながらそこそこハードな登山だった。

僕は同様の登山は過去にもビンソンやデナリで何回か経験しているが、他の参加者の何人かは登頂できずに撤退していた。中でもガイド役で参加していた石井さんが撤退していたのは苦笑いするしかなかった。

登頂後は、サミットで2時間ほど高度順応を兼ねて休憩しつつ、隊の一番遅い人が揃うまで待ってから下山を開始して、1時間でC1まで戻った。だいたい下りは上りの半分くらいの時間で移動できる。

C1でキャンプを撤収しつつ、また隊の遅い人を待ったりしつつ、ゆっくりロブチェBCまで戻ったのが午後3時半。

ゆっくり歩いたせいでやや体が冷えてしまったけど、BC到着時のSpO2は96、心拍数は68で平地並みだった。

## エベレストＢＣとクンブ咳

12日目、今日はロブチェＢＣを出てエベレストＢＣに向かう。

朝のメディカルチェックは絶好調で、起床直後でもSpO2は92、心拍数67、筋肉痛がほんのわずかにある程度だ。

ゆっくり出発の準備をして午前10時にロブチェＢＣを出て、30分でロブチェ村に到着。

少しだけ休憩して再出発し、標高５１８０ｍのCorakShepに到着。

ランチをゆっくり食べて午後２時に出発して、午後４時にはエベレストＢＣに着いた。

道中、岩が重なった場所でトイレをしていたらポケットのスマホが落ちてしまったが、うまく岩に引っかかり、岩の隙間には落ちずに回収できた。登山中は物を落として拾えなくなることが多いので、スマホには紐をつけて首からかけるようにすることにした。

ＢＣは氷河帯の上に設営されているが、世界中から登山者やガイド、シェルパなどが結集しており、総勢で１０００人くらいはいるはずだ。小さな村のようになっており、ＢＣの端から端まで歩くと30分以上はかかるぐらいの広さで各隊のキャンプ地が連なって設営されている。

僕達のキャンプ地の標高は５３６０ｍだが、場所によって高低は若干異なる。

ＢＣに到着したＡＧ隊は、全体的に疲弊し、ほぼ全員が体調不良になっていた。

AG隊とエベレストBC

5000m以上の高度に何日も滞在して低酸素状態が続いていることや、寒さが増していることに加えて、エベレスト街道での食事が合わずにお腹を下したり、エベレスト街道からBCの辺りまでが凄く乾燥していて埃っぽく、全員が肺炎のようになって咳が止まらなくなってしまうからだ。この地域はクンブと呼ばれるが、クンブ咳と呼ばれる症状だ。

参加者は日に日に体力を奪われ、やつれていっている。BCまでの参加者の中には自力で歩くことができず、エベレスト街道の途中からBCまでを荷物運び用のロバに乗って移動した人もいた。

僕も高度順応は万全だったが、咳だ

け は止まらなかった。そのため、ＢＣ滞在中はマスクをして過ごしていたが、マスクをすると呼吸がしづらくなり、SpO2が落ちてしまうので、どちらを優先すべきか悩ましかった。

また、トレーニングで傷めていた足も多少痛むことはあり、毎日念入りにマッサージとストレッチをし続けながらの登山となっていた。

ただこれらも含めて登山なので、仮に体調さえ良ければ登れるのだとしても、そんなことは全く意味がなく、リアルな諸条件の全てを前提にやるしかない。

## 必須の儀式「プジャ」

13日目からは、しばらくＢＣの高度に体を慣らしつつ、エベレスト街道を登ってきた疲れを癒すために休息をとる。

バイタルは相変わらず好調で、SpO2は90、心拍数は60。

朝食後、氷河の雪解け水を使って洗濯をした。これまでの行程は砂地が多く、登山服が砂だらけになってしまっているが、ＢＣから上は岩、雪、氷ばかりの世界だ。そこで、一旦砂を落としたかったのだ。

洗った洗濯物を干していると、日中でもすぐに衣類自体が凍り、袖口にはツララができてしまう。午後からはテント内で自分の装備品を広げて整理していた。

エベレスト街道を歩く時は、行動中に使う荷物だけは自分で持ち、それ以外の荷物はエベレスト街道中の次のキャンプ地で使うものとBCより上で使う荷物に分ける。大きな荷物の移動には、ロバやヤクというウシ科の動物を利用している。エベレスト街道で使うものは隊の行動に合わせてキャンプからキャンプへ移動させ、BCより上で使う荷物は一気にBCまで運んでもらう。

BCに運ばれた荷物はBC到着時にまとめて受け取ったため、荷物整理が必要だ。

14日目は、午前中にプジャをした。現地のお坊さんにお経を唱えてもらいながら、2時間程度の儀式が行われた。終盤にはよくわからない現地のお酒のようなものを一口飲まされたり、参加者同士が顔に白い粉を塗り合ったり、お米を指で摑んで空に向かって放り投げたりといった内容に参加した。

特にBCから上に行く人達は、参加者もガイドもシェルパもプジャは必須で、お坊さんの都合次第でプジャの日程が遅れると、登山行程も後ろ倒しにするぐらいだ。

お布施も必要になるが、サミットを目指すチームは一人2000ルピー（1ルピー≒1円）で、BCまでのチームは一人500ルピーを納めた。

プジャ台の周りや、BCのあちこちやエベレスト街道でも、カラフルな旗が掲げられているのが目に付くが、これはタルチョというチベットの旗で、青が空、白が雲や風、赤が太陽や火、緑が水、黄色が大地を表している。タルチョはチョオユーにも掲げられていた。

午後は吹雪いていたので、僕はテントで読書をしていたが、ＢＣまでのチームは明日から下山を開始して帰国に向かうので、ＢＣとＣ１の間にある大きな氷河を見学に行っていた。

ちなみに、エベレストＢＣで宿泊するには許可が必要なのだが、基本的にはサミットを目指す人でないと許可が取りにくいらしい。しかし、ＡＧ隊は、サミットチームとＢＣまでのチームが混合で許可を取るため、ＢＣまでのチームであってもＢＣ滞在が実現しやすいようだ。

ＢＣまでのチームは今夜が最後となるので、シェルパが夕飯をいつもより豪華にすき焼きを出してくれ、さらに特大のケーキまで作ってくれた。

## エベレストＢＣでリモートワーク

15日目は、朝の SpO2が85、心拍数64。

朝にＢＣまでのチームを見送った。

彼らは体調に問題のない人は3、4日かけてルクラまで下山するようだが、体調不良の人も3人くらいいて、その人達はヘリで一気に降るらしい。

彼らの半数以上は会社員にもかかわらず、有給を繋げて3週間もの連休を取得して参加していたのだ。世の中には休みたいと言いつつ、実際には休みを取らない人も多いが、彼らは自分がやりたいことに素直に挑戦し、自分らしい人生を送っている人ばかりで話していても楽しかった。

ちなみに、エベレストBCでも仕事はある程度することができる。ネットは1G5000円くらいで利用できる。BCより上にいくとさすがに難しいが、エベレスト滞在期間のうちBCより上にいることは少ないので、リモートワークをしながらエベレストに挑戦することはできる。僕もBCで裁判に提出する準備書面を作成していたぐらいだ。

BCまでの隊を見送った後は、残った参加者がガイドの近藤さんと僕を入れて5人だけになり、なんだか寂しくなったが、その分、共有テントは広々と利用できるようになった。

また、人が減ったこともあり、ルクラを出て以来、2週間ぶりにシャワーに入った。

BCでは、シャワー用のテントがあり、氷河の水をガスで温めたお湯を大きな水風船のような袋に入れてテント内でぶらさげると、袋に蛇口のような穴がついているためそこからお湯を少しずつ出してシャワーのように浴びられるのだ。

ただ、基本的には寒い環境であまり汗もかかないし菌も繁殖しないため、シャワーは数日に一度入るくらいで普段はウェットティッシュで拭いて済ませていた。

16日目も高度順応でBC滞在日だが、少し飽きてきたので、BCを出て、一度GorakShepまで戻り、そこから標高5550mのKalapatherという山の山頂を往復した。

往復6時間くらいだが、Kalapatherの山頂からはエベレスト山頂がよく見渡せるため、ここに登るためのツアーもあるぐらいなのだが、この日は天候が悪くガスっていてあまり見えなかった。17日目は、いよいよBCからさらに高度を上げていく。高度順応のために、何日かかけて一度C3まで高度を上げて、再びBCに戻ってくる予定だ。

BCは氷河帯の上に設営されているが、地面は砂、石、岩でできている。

それは、氷河帯が重力に従って進んでいくうちに地中の岩盤を削り取り、それが地上に浮いてきた状態だ。

ただ、BCからエベレストサミットを向いた正面側には、氷雪のままの氷河帯が広がっている。

## アイスフォールドクター

そもそもこの氷河帯は、エベレスト山中に降り注いだ氷雪が長い年月をかけて堆積したもので、特にBCとC1の間に多く溜まっており、場所によってはビル3階分になるくらいの大きなセラックが残っているところもある。セラックとは、氷河帯に大きなクレバスが発生するうちにできた塔状の氷の塊だ。

BCからC1に行くには、この氷河帯を通過しなければならない。

BCからC1手前までフィックスロープが完全に張られているが、それでも氷河帯が割れていて底の深いクレバスを形成しているところも無数にあり、場合によってはジャンプしたり、ハシゴを設置したりして通過する。段差が激しい箇所も自力で登れないのでハシゴが掛けられている。

しかし、氷河帯は日中の日光によって溶けて崩落したり、逆に夜中に溶けた水が凍って膨張して崩落させたりするため、氷河帯の形は日々変動するし、登山者がたまたま通過している時に崩落すると巻き込まれるリスクもある。

実際、2014年には大きな氷河帯の崩落があり、十数人が飲み込まれてしまい、今でも遺体すら見つかっていない。

万が一、氷河帯の崩落に巻き込まれた場合に、わずかでも生存確率を高めるために、僕達はビーコンという発信機を体につけて登山するようにしている。ビーコンは、他のビーコンから発する信号で双方に反応して音が鳴るため、それで埋まってしまった登山者の早期発見に役立つのだ。もっとも、実際は大きな崩落で埋まってしまえば即死だし、即死でなくても天然の冷凍庫に閉じ込められたようなものなので、少しの時間で凍死してしまい、ビーコンは遺体回収のためとなることが多そうだが。

また、氷河帯に限らないが、BCからサミットまではフィックスロープが張られているが、これは毎シーズン、ネパール政府が特定のチームに発注して整備している。

エベレスト入山料は当時一人約120万円なので、その中から拠出できるのだろう。

そして、フィックスロープを張ってくれるチームは、氷河帯の形状が変化すればルートが変わったり、支柱が抜けてしまって設置し直したりと、定期的に修復作業が必要になり、アイスフォールドクターという格好良い名前がついている。アイスフォールとは氷河帯のことだ。

さて、この日はＣ１までは行かず、氷河帯の途中まで登ってＢＣに戻ってきた。行動時間は5時間くらいだったが、氷河帯での移動はスリリングだし、氷雪は氷の彫刻のようで美しいし、本当に楽しい登山だ。

## C3まで往復して高度順応

18日目は一度休養日を挟み、明日からはさらに高度を上げていく予定だ。

メンバーの体調や天候によって、その日その日の予定を決めていくため流動的ではあるが、明日ＢＣから氷河帯を超えて標高６０００ｍのＣ１まで移動してテント泊をする。さらに高度順応のためにＣ１にもう１日滞在した上で、次に標高６５００ｍのＣ２に移動。また高度順応でＣ２にもう１泊。その上で、標高７１００ｍのＣ３にタッチしてＣ２に戻ってくる。その後、ＢＣまで下山という行程で、７１００ｍの高度まで往復して高度順応を進めるという行程だ。

このようにして、高所登山では一気にアタックを狙うのではなく、何度か高度を上げ下げしながら、少しずつ体を慣らしていく必要がある。

海外の他の隊だと、高度順応の行程を複数回とるチームもあるが、ＡＧ隊は一度のみだ。

なぜなら、ＢとＣ１の間の氷河帯を何度も通過するのは氷河帯崩落によるリスクが大きいからだ。

毎年一定確率で氷河帯は崩落し、さらに周辺で雪崩が起きることもあるため、こればかりは運に頼ったロシアンルーレットにほかならない。

そういえば、ＢＣでは、世界中の各隊のチームごとに固まってスペースを確保するが、ＡＧ隊の隣には栗城史多《くりきのぶかず》さんの隊がキャンプを設営している。ボチボチトレックというチームのようだ。

僕は栗城さんとは日本でも会ったことがあり、今年、エベレストに来る前にもＤＭでやりとりをしていたが、ご本人からは登山に集中したいので話しかけないで欲しいと言われていたので、お互いに良い結果となることを願うだけにした。

ただ、近藤さんは栗城さんと長年の仲なので、挨拶に行っていた。

栗城さんはお菓子が好きなようで、就寝用のテントをさらに一回り大きなドームテントで覆い、その内側にお菓子をたくさん敷き詰めてお菓子の城みたいになっているそうだ。スポンサーとしてグリコからの提供もあるようだ。

一方、ＡＧ隊は亀田製菓がスポンサーで、塩っけのあるお菓子が多いため、ＡＧ隊の塩系のお菓子と、栗城隊の甘い系のお菓子を交換したりしていた。

さて、明日からＣ１に移動するため、荷物の仕分けもした。

行動中に必要な装備品や食料以外はシェルパが次のキャンプに荷上げしてくれるため、ＢＣよりも上でのみ必要なものと、ＢＣで使うものを仕分けする必要があるのだ。

といっても、これまで使っていたものでＢＣより上でのみ使うものはあまりない。フルの上下ダウンも寒い日にはＢＣで使うことがあるし、一番厚手のミトングローブ、フルのフェイスゴーグル以外だと、予備の下着やウェットティッシュなどの雑貨を荷上げしてもらうくらいだ。

他に大切なものとして、使っていないサミット用の新品のソックスだ。ソックスは使用感があると薄くなってしまうため、サミットだけは新品を使うようにしている。ただし、足に合うかの確認は必須なので、一度は同じサイズの新品を履いたことがあるものに限る。

また、寝袋も荷上げしてもらうが、そうするとＢＣで使う寝袋がなくなるので、シェルパ会社が１つ貸してくれる。ＢＣより上のキャンプとＢＣを何度か行き来する度に寝袋を持ち運ぶのは、嵩張《かさば》るし大変なので、２つの寝袋を利用し、ＢＣ用とそれより高所用で使い分けるのだ。

また酸素ボンベや上部キャンプで使う食料や燃料なども荷上げしてもらう。

## エベレスト登頂の最良日は……

さて、19日目は、朝４時に起き、５時に出発する予定だったが、さおりと泡爺が体調不良で咳が止まらず、喉の痛みも酷いため、急遽休養日となった。

正直、咳や喉の痛みは短期的に治るものでもなさそうだし、エベレスト滞在中はこれも含めて付き合いつつ、多少の体調不良を前提にやり切るしかないと思っていたが、チームの方針に逆らうことはできない。

予備日は2週間分くらい確保されているので焦る必要もない。

僕は咳が出ていること以外は元気なので、BCを徘徊していたら、南極のUGでいつも一緒にボードゲームで遊んでいたシェルパと再会できた。

ヒマラヤの登山時期は、春、夏、秋と一定の時期に限定されているし、特にエベレストは基本4、5月限定なので、世界中の登山者やガイドやシェルパが結集するため、知り合いと再会することはよくある。

近藤さんに彼のことを紹介すると、なんとネパールでも結構有名なシェルパだったことが判明した。

ネパールの登山ブランドのモデルもやっているようだ。

確かに、思い返せば、彼は南極には、ロシアの石油王に雇われてガイドとして参加していたが、お金持ちが雇うぐらいだから、有名なシェルパだったというわけだ。

20日目、ついに5月に入った。

今日も2人の体調は回復せず、休養日となった。

僕は相変わらず元気なので、氷河帯にある壁を利用して、アイスクライミングをして遊んできた。氷の壁に上からロープを固定して垂らし、それを命綱代わりにして、壁にアイゼンの刃先をひっかけつつ登った。

また、AG隊のキャンプ地の周辺を散歩していたら、栗城さんがテントの外に出て、空を見上げているのを目撃した。その後に、近藤さんに栗城さんの話をすると、今回のエベレスト登山ではずっと体調が悪いようで、高熱も出ているとのことだった。

さて、毎年、エベレストの登頂日は5月20日頃になることが多いらしいが、とすると残り3週間しかない。C3までタッチする高度順応に1週間程度、休養日や予備日に1週間、サミットローテーションに1週間と考えると、そこまで余裕はない。ちなみに、サミットローテーションとは、高度順応を終えて、BCを出て高度をどんどん上げていってアタックをするまでの行程のことをいう。

そのため、明日は天気さえ良ければ、多少メンバーの体調が悪くても出発することになった。

21日目、今日こそC1に移動だ。

しかし、さおりは咳が止まらないため一人だけBCに残って休養日にして、明日、僕達がC1で停滞している日に追いついてくるようだ。

さおりは僕より少しだけ年下で、登山ガイドやヨガのインストラクターをしている女性だ。エベレストだけでなく、ローツェ、マカルーと、連続で8000m峰を3座挑戦するという目標を掲げてスポンサーを募り、今回AG隊に参加しているのだが、出発直前に仕事が忙しくてあまりトレーニングができなかったとか、言い訳ばかりしている。

エベレスト登山なんて、誰もが万全の体調を維持できるはずがないし、できない理由をいくつら挙げたところでできるようにはならないわけで、傷を負ったまま登頂してやれば良いだけだと思うのだが。

さて、近藤さんと、僕を含めた4人は、朝6時半にBCを出発した。

第5章

# 世界最高峰の頂に立つ

## 他人を助けることはできない

ＡＧのキャンプ地はＢＣの中でもやや下の方で、氷河帯の入り口までは20分くらいかかる。そこまではアイゼンも履かずに普通に歩いていき、さらに氷河帯に入ってからもしばらくは急な坂もないためそのまま進んで、１時間近く歩いた辺りでアイゼンを装着した。

氷河帯は、底が見えないようなクレバスや、両端が崖になっている幅１ｍもないナイフリッジや、ハシゴを渡ったりと、アスレチックのような行程で、終始楽しい登山だった。ＢＣを出て8時間でなんとかＣ１に到着できた。

常に緊張感を保たなければいけないこともあり、これまでの行程では一番疲労感はあったかもしれない。

Ｃ１に着くなり、2時間で2リットル近く水を飲んだ。ハードな行程を終えた後にすぐにテント内で寝てしまう人がいるが、就寝中の呼吸は浅くなるし、高所登山での呼吸は通常の自然な呼吸ではなく意識的に細長い息を吐いて肺の中を空にした上で新鮮な空気を肺一杯に取り込む必要があるが、これができなくなり高度順応が進まなくなるので厳禁だ。

僕は、１ｍ先のローソクを吹き消すようなつもりで細く長い息をフーっと吐いて肺を空にして、息を吸う時はクロールの息継ぎのように吸い込むという呼吸法を続けている。

気合で体を起こしたままにして、丁寧に呼吸をし、水を飲み続けることはとても大切なのだ。

今日はハードな行程だと予想していたので、足の痛みが出ないようにロキソニンを飲んでおいたおかげなのか、受傷部位は無事だったが、疲労で足、腰、肩が筋肉痛になった。

また若干、風邪っぽくて、微熱があるかもしれないが、測ったところで治るわけではないので、気のせいだと思うようにした。

大抵の体調不良は気のせいと思い、それでも気になるようであれば我慢すれば何とかなる。

過酷な状況を楽に乗り越える特効薬などなく、我慢に尽きる。

今日はこのままテント泊で、明日も高度順応のためにC1滞在の予定だ。

夜のSpO2は80でやや下がり気味。

22日目、朝起きてバイタルチェックをすると、SpO2が過去最低レベルの65だった。

確かに6000mでのテント泊は、アコンカグアの最終キャンプ以来だったが、今日1日かけて必死に水を飲んで、ストレッチをして、深呼吸をし続けて、体に酸素を行き渡らせるように過ごして、高度順応に努めなければならないと思った。

高所登山は停滞日をどのように過ごすかが重要なのだ。

しかし、今日は1日過ごしてもそこまで調子は戻らず、お腹もやや緩くなっていて消化機能も落ちているのを感じた。

とはいえ、この状態でやり切るしかない。

一方、さおりがBCからC1に移動してきた。随分体調が悪そうだが、僕は僕で自分に集中しているので何も助けることはできない。

登山では、自分のことは自分でやり切るしかなく、ガイドやシェルパでもない限り、他人を助けることはできないし、他人に助けてもらうこともできない。

23日目、起床時のSpO2は77で、昨晩に比べるとかなり高度順応は進んだ。

夜中のうちも、高度順応できていない登山者は寝る権利なしと自分に言い聞かせて、少しでも頭痛があれば何度も起きては水を飲み、意識的に呼吸をし、頭痛が収まったら寝るということを繰り返していた。

それでも睡眠可能時間は10時間もあるので、深夜に何度も起きることで就寝時間が短くなっても体の疲労回復には足りている。高度順応さえできていれば、多少疲れが残っていても登りきれる。

また、喉の痛みを緩和するために、飴も頻繁に舐めるようになった。

今朝は9時にC1を出て、C2に向かった。

## 落ちたら即死の巨大クレバス地帯

C1とC2の間はウエスタンクームと呼ばれており、BCとC1の間の氷河帯に比べると凸

巨大クレバスを超える

凹やクレバスはなく、比較的平らな雪上を歩いていくのだが、1つ1つのクレバスがバカでかい。

　とてもジャンプで飛び越えられるものではなく、ハシゴを1つのみならず、2つも3つも、場合によってはそれ以上、ロープで括り付けて繋げて橋を渡して通過する必要がある。

　このハシゴの設置もアイスフォールドクターがしてくれるが、何十メートルも幅のあるクレバスを渡る際、下を見ると何十メートルもの高さの谷になっており、間違って落下しようものなら即死だろう。

　もちろん、ハシゴにもフィックスロープは備え付けられていて、クレバス上のハシゴを渡る時は、命綱として、自身のハーネスに繋がるロープをフィックスロープにかけるのだが、ロープなんて完璧ではないので落下した衝撃で外れたり、カラビナが破壊されたりして下まで落下してしまう可能性はあるし、そこまでではなくても足を踏み外してハシゴ下に宙吊りになれば、その衝撃で腰骨を折るような怪我をすることもある。

そのため、かなり慎重に通過しなければならないルートではある。

安全に通過するコツは、ハシゴの上に足を置く際、足の下に装着しているアイゼンがハシゴにひっかかってバランスを崩さないように、上手くアイゼンの真ん中のトゲがついていない靴底の箇所をハシゴの手すり上に置きながら歩くことだ。また、フィックスロープについては、ハシゴ通過者の前からも後ろからもロープをピンと張ってもらうと良い。そうすると、通過者がロープを手すり代わりに掴んで引っ張ることができるため、自身の体が揺さぶられないよう体を固定しやすくなる。逆にロープをしっかり張らないと緩んだ状態であるため、掴んでも自身を安定させることができず、手すりのように使うことができなくなる。

また、ウエスタンクームには、雪原が大きく凹凸している箇所がいくつかあり、そこは3、4階建てのビルにも相当するような雪の壁を形成していることもある。その場合は、壁にハシゴをかけるのだが、それだけでは足りず、壁の上側からロープを垂らしてもらい、それをハーネスに縛り付けて荷物のように力づくで引き上げてもらうこともある。

壁の上で引っ張る側も大変なので、登る側も何とか自力で壁に手足をかけて体を上方向に移動させようとはするが、壁は90度以上に反り返っていることもあり、なかなか自力ではどうにもならない。

とはいえ、昨今はエベレストでは商業登山が活発で同時期に登るガイドやシェルパは多数いるので、時として違うチームのシェルパも手伝ってくれて、体を引き上げてくれる。

このようなエキサイティングな難所を通過し、C1を出て6時間程度で標高6500mのC2に到着することができた。

## ローツェフェイスと対峙

到着時のSpO2は80、心拍数86で、悪くない値だった。

明日は1日高度順応のための休養日なので、さらに順応を進めたい。

24日目、起床時のSpO2は71。寝起きなので、めちゃくちゃ悪いとまでは言わないが、好調とも言えない。軽い頭痛もある。

本来、今日は休養日の予定だったが、明日の夜が嵐になる予報のようで、そうなると明日、標高7300mのC3にタッチしてC2に戻ってきても大変な目に遭う。

そのため、急遽、今日、C3までの往復をできるところまですることになった。

昨日の疲れもあることから、ややゆっくり目に朝10時前にスタートした。

今日は身体的に今までよりもハードな登山になる可能性があるので、試験的に日本から持参していた強めの痛み止めの薬を飲んでおいた。

Ｃ２を出て、しばらくは平地を歩いていくが、２時間くらいすると急勾配の大きな壁のような坂に直面する。

これがローツェフェイスだ。

ローツェとは世界4位の標高８５１６ｍを誇る山だが、エベレストの頂上とローツェの頂上は約３㎞しか離れておらず、隣接した山であり、エベレストＢＣからＣ４手前までは全く同じルートを辿る。Ｃ４手前から、正面の右奥方向に登ればローツェの山頂、左方向に迂回して登ればエベレスト山頂と、分岐をしていくだけだ。

そして、Ｃ２からＣ４手前までを経由してローツェ山頂まで続く壁のような急勾配の氷雪の坂をローツェフェイスという。

まさに大きな氷の滑り台のようで、傾斜角度は場所によって40～50度は優にある。

もちろんフィックスロープが張られているが、もしロープから外れて転倒すれば、まず自分では落下を制止できず、何百メートルも下まで滑落してしまうだろう。

人体でなくても、物を落とすだけでも下の人に当たれば大事故になるような坂だ。

さて、ローツェフェイス前に着き、壁を見上げると、途中で休むことさえできないような断続的な急勾配な坂であることがわかる。

僕は気合いを入れ直した。

ひろくんとたむちゃんも近くにいて、一緒にC3まで頑張ろうと話し合った。

他方、さおりはふらふらになっていて、顔色も良くない。近藤さんがつきっきりで面倒を見ており、軽くビンタをするような素ぶりで話しかけ続けている。これは高度障害で意識が飛んでしまっていないかを確認しているのだと思う。ビンソンやデナリでも、ガイドが調子の悪い参加者に対して、簡単な計算問題を出して答えさせたりしていた。

泡爺もあまり体調が良くないようで、さおりと泡爺はC3までは向かわず、近藤さんと一緒に少しだけゆっくり登ってC2に戻るとのことだった。

僕とひろくんとたむちゃんは近藤さんから無線を渡された上で分離して、C3へ行けるところまで行くことになった。

## 急勾配の登り方

ここまではトレッキングポールも使用していたが、ルートの脇に他の登山者も雪の上に刺して立たせるようにして放置したポールが何本もあったので、僕達もここにポールを刺した。この先はなだらかなルートがなくて、ポールを使う機会がないからだ。

急勾配を必死に登っていたが、今日は天気があまり良くなくて、頻繁に粉雪の突風が吹き荒れている。

真正面から顔面に氷の突風をまともに食らうと一瞬息がしづらいぐらいで、とっさに顔を背けて突風が過ぎ去るのを待つしかない。

急勾配の坂を登る際、一歩一歩足を踏み出して体を上方向の高い位置に移動させていくのだが、足の力だけを頼りに全身を持ち上げて体重を上方向に移動させるのは大変だし、バランスを崩したり、体の軸を安定させるために体幹を使って疲れてしまったりするので、上半身を上手く使って全身の力で登っていくことが好ましい。

階段を登る際に足だけで登るのではなく、手すりを使って上半身の力も使って登った方が楽なのと同じ感じだ。

そのためには、フィックスロープにかけたアセンダーをいかに上手く使いこなすかが非常に大切だ。アセンダーは前には進むが後ろには戻らないようにひっかかって弁のような役割をする。

まず、手だけを前に大きく伸ばして、アセンダーを１㎝でも前に走らせるようにする。体の軸が後ろに残ったままで、半ば背伸びをして手を前に伸ばし切るような体勢であっても、アセンダーさえ前に進めることができれば、その位置でアセンダーは戻らなくなり、アセンダーからハーネスに繋がるロープで体が固定されるため、体の軸が下方向に落ちることはなく、アセンダーで固定されたロープから体が吊り上げられたようになる。

この体勢だと、ロープにもたれ掛かることができ、小休止もできるし、労せず体の軸を安定させることができる。ロープに体重をかけてしまえば、バランスの悪い斜面に足で立たなくても体の軸で体重を支えることになるため、脚や足首を休めることもできる。

断続的に登り続けるとすぐに心肺機能が疲弊してしまうので、1、2歩登ったら、ロープにぶら下がって休むという感じで、呼吸が乱れすぎないように登り続けることも大切だ。

さらに、アセンダーが体よりも無理に前の方に進んだ状態で固定されていると、ロープで体が上方向に引っ張り上げられるため、体全体を上に持ち上げる場合にも弱いエネルギーで登っていける。

特に足だけを使って体を上方向に移動させていくのは大変だが、体の少し先にあるロープ部分に固定されたアセンダーを両手で摑み、体の近くに手繰り寄せるように体を前方に押し上げると、両手を含めて体全体で体を上方向に前進させることができる。

このように、アセンダーの使い方次第で、登っていく際のエネルギー消費を抑え、かつ、体の特定部位だけに負担がかからないように均等に体を消耗することができる。

## 6900mにタッチ

ただ、若干気をつけなければならないのが、フィックスロープも万全ではなく、古いロープだとロープ自体が千切れることもあるし、氷雪の地面が溶けることでロープが止められている支柱が緩んでしまい、フィックスロープもピンと張っておらずに弛んでいることもある。

そうなると、フィックスロープに完全に頼り切ってしまうと、いざロープに異変が起きた際には一気にバランスを崩してしまうので、心の中では万が一ロープが歪んだ場合にも滑落しないような意識は持っておく必要がある。

また、フィックスロープ自体に雪や氷が絡みつき、アセンダーのトゲが機能しなくなることもある。そのような気配を感じた場合は、アセンダーを叩くなどして、ロープを噛む部分に氷雪が溜まってしまわないように注意する必要がある。

このように体全体を均等に使う登り方は、トレッキングポールを使う場合も同様だ。

トレッキングポールの使い方には好みがあるが、僕はポールを短く使い、ポールの頭の部分を手のひらで上から押さえつけるような持ち方で握る。

こうすると、歩行をする際に、二本足だけでなく、手とポールが一体化して四本足のようなイメージで歩くことができる。

体を移動させる時に、手と一体化したポールで地面を突いて押し下げるイメージで力を入れると、足だけでなく、手や手と繋がった背筋を利用して体を前進させることになり、足以外の体の部分も満遍なく使うことができる。

僕は、1日の行程が終わると、足だけでなく、腕や背中にも筋肉痛がくるが、このように体全体を使った歩き方を覚えると凄く楽に登山ができるようになる。

また、ヒマラヤのように寒い高所では、トレッキングポールを持ち手の部分で持つよりも、ポールを短くしてポールの頭から押さえるように持つ方が手は下に位置した体勢を取り続けることができる。

凍傷のリスクは血流が行き届きにくい指が最も危険だが、指の位置を心臓より低くして、下方にキープできるメリットもある。

さらに、僕はポールを地面に着く時に、意図的に手のひらをバンバンと叩きつけるような衝撃を与えると同時に、指をグーパーと開いたりして、手のひらから先を少しでも冷やさないように、また、血流が行き交うように心がけている。

ちなみにトレッキングポールが伸縮可能なタイプで2段式になっているものが多いが、これを利用する場合には下の部分だけを伸ばして使うのが良い。その方が伸ばした状態のポールが、手元に近い側が重たく、地面に近い側が軽くなり、より多く前後左右に振られるポールの先の部分を軽くして手の動作の負担を少しでも減らすことができる。逆に、何となく2段式の伸縮分をどちらも伸ばす人がいるが、あまり意味がないので、まずは下の段を全部伸ばし切って、それでも足りなければ上の段を使うのが正しい使い方だ。

さて、僕達3人は、苦戦しつつもローツェフェイスをノンストップで3時間半ほど登り続け、6900mくらいの地点についた辺りで、時間的にそろそろ引き返そうと相談し、無線で近藤さんに連絡を入れた上でC２に戻ることにした。C２までは2時間で戻ることができた。

C２に戻ると、近藤さんは僕達が天気も悪い中、６９００ｍまでタッチできたことにとても喜んでいた。

明日の夜は予報通り嵐のようで、明日の日中にはＢＣまで下山することになった。

## 再びＢＣに戻る

25日目、朝のSpO2は60まで落ちていて驚いた。

右手の人差し指で測っていたのだが、念の為左手の人差し指で測り直したら70だった。所詮指での簡易の測定だし、たまたま計測時に指が冷えているだけでも計測値には誤差が発生するのだ。

いずれにしても、体調はそこまで好調とはいえなさそうではある。

朝からＢＣに向けて下山を開始し、C２からC１まで1時間半、C１からＢＣまで４時間程度で下山した。

下山中は、氷河帯の形状がかなり変わっていて、ルート自体が変更になっている箇所もあったし、行きと帰りで風景が多少変わっているところもあった。

これはエベレストに限らないが、夜間はマイナス20℃近くに気温が下がっても、日中は太陽からの雪の照り返しで体感では20℃くらいには感じることは通常だ。陽が出ているとTシャツだけでも過ごせるくらいだが、陽が陰って風が吹けば途端に凍傷しそうな寒さに感じ、寒暖差が非常に大きいため、それに合わせて氷河帯も溶けてはまた氷雪が積もって堆積してというのを繰り返している。行きには普通に通過できた場所が数日後には川や小さい池になっていることもある。

今日も、氷河帯が溶け出して30㎝程度の小川ができていた箇所を通過しようとしたら、その側の氷雪も中が崩れていて、太ももの深さまで沈み込み、高所履が氷水に浸かってしまった。BC近くの出来事なのでどうということはないが、こんなことがもっと高度が高い場所で起きれば、凍傷の危険が高まってしまう。

さておき、BCに戻ると、マイホームのようで安堵感があった。C1やC2と違って人が多いし、石や砂も多く、人の生存しやすい環境であることを本能的に感じられるからではないかと思う。もちろん、まだ標高5300mもあるので、全く気楽な環境ではないのだが。

明日からはしばらく休養で、次は天候を予測して、サミットローテーションに入ることになる。

## サミットローテーションに向けて最終調整

26日目、今朝のSpO2は88。ＢＣまで高度を下げたのだから、値は当然回復する。

今日からはサミットローテーションに向けた休養に入るが、この期間をいかに過ごすかは非常に大切だ。

僕は、これまでと同じように、毎時間、水を飲んではトイレに行くというのを繰り返しつつ、一日中、自分のテントで横になっているのは厳禁で、共有のダイニングテントでストレッチやマッサージをし続けるようにしている。

ただ、以前に比べても、体力が失われていて、喉も痛い状況で、大量の水を飲むのは大変で、水を飲み込む際に喉が痛むのを我慢しなければならないし、毎日大量の排尿をしていると、体内の亜鉛やミネラルが流出してしまい体が痺れてくる。

それを避けるために、飲み水にはお茶や粉ジュースを入れて不純物としているのだが、それでもキャンプ生活が長くなると少しずつ痺れてくる。

さらに呼吸法も引き続き意識しながら、呼吸しているが、山中で吸う空気は低温のため、激しい呼吸を何日間もし続けていると、肺が慢性的に冷えて傷んでくる。喉が痛く、咳も止まらないままで深い呼吸をすること自体が億劫になってくる。

食事も十分に摂らなければならないが、喉が痛く、咳も止まらず、疲弊し、かつ、高度のため消化不良を起こす状況で十分な量を食べるのは難しくなっていく。それでも僕は気合で食べて飲んでとし続けていたが、たむちゃんはエベレストの登山前後で10kg近く痩せてゲッソリしたぐらいだった。

しかしこれらをやり続けることで高度順応を高めていくという総合的な戦いだ。

こういう過酷な状況の時、AG隊で日本人向けのサポートが受けられるのは非常にありがたい。

食が進まない状況で、あまり食べ慣れていないパンケーキやオートミールやシリアルを食べさせられるよりは、お米を炊いてもらい、味噌汁まで作って出してくれるAG隊のシェルパには感謝しかない。

これも、近藤さんが長年エベレスト遠征をし続け、ある程度限られたシェルパ会社に継続して業務を委託し、日本人登山者向きに様々なサービスをカスタマイズしてきてくれたおかげだ。

近年、近藤さんが委託しているネパールのシェルパチームは、プラチリという大将がシェルパをしているコスモトレックという現地会社で、近藤さんとの付き合いは長く、プラチリは日本語も勉強してある程度話せる。

近藤さんが毎年のように日本人客を連れてくることから、シェルパ側も受け入れを頑張ってくれているのだ。

ちなみに、サミット当日のエベレストの登頂率は80％を超えていると言われている。

しかし、そもそもサミットまでに体調を維持し続けることが難しく、十分な体調をもってサミットに向かえずにリタイヤする人が相当割合いるのだ。

高所登山は、登山をする日だけではなく、停滞日にいかに高度順応をして体を休め、調子を維持できるかがとても大切なのだ。そういう意味でも、ＢＣでどのような生活ができるかは非常に重要だ。

## 達成に必要なのは覚悟

僕は登山開始以降、喉以外は、ずっと順調で体調が良く、毎日のSpO2の測定でも、ＡＧ隊の中ではいつも一番良い値をキープしていた。アタックまでこの調子を維持したい。

僕がこれだけ好調を維持できているのは、メンタル面も大きいと考えている。

僕は、何があっても、全てが登山の一部だと割り切ってしまっており、体調が悪かろうが、足が痛かろうが、高度順応がいまいちだろうが、その上でやれることをやり切ると考えている。

そのため、喉が痛くても我慢して水を飲んで食事をするし、多少、頭痛がある時も簡単には休まずに体を起こして意識的な呼吸をし続けたりしている。

逆に、弱ってきている他メンバーは、体調さえ良ければなんとかなるとか、架空の話をして嘆いている。さおりにいたっては、いまだにエベレストに入る直前に仕事が忙しくて追い込みができなかった等と、今更自分ではコントロールできないことをいろいろと泣き言を言っている。そんなことをいくら言っても今の状況が改善することはなく、精神的にも弱っていくだけだし、全ての諸条件を受け入れて、その限りでやり切るという覚悟を持つべきだ。

そもそもエベレストの山中に入ってからアタックまでに何十日もあるのだから、その間に体を絞って体調を整えていけば良いだけなのだ。

とはいえメンバーの体調を回復させなければいけないため、BCのある5300mから、3400mのナムチェバザールまで、一度ヘリで高度を下げて2泊3日で休養することになった。ヘリ代は往復で1000米ドルはするが、一度高度を下げて体調を回復させた方が、登頂率が上がるだろうという判断だ。

海外隊では、カトマンズまでヘリで戻り、ホテルで宿泊してスパを受けて贅沢に休養する豪華なチームもあるようだが、カトマンズの高度まで下がってしまうと高度順応の効果が薄れてしまわないのか疑問だ。

ヘリも毎日必ず飛べるわけではなく、天候次第となるが、僕達は運良く今日のうちにナムチェバザールに移動できた。

ナムチェバザールに到着するなり、SpO2は95にまで戻っている。

27日目、今日はナムチェバザールで1日ゆっくりと休養する。

起床時のSpO2は適当に測ったものの余裕で90以上はあり、これだけ濃い酸素がある空間で体調を万全にしたいと思った。

## 荒れる天候と不吉な知らせ

ナムチェバザールにはエベレスト街道の行きに1泊だけしたが、その時は人数も多かったし、自由時間も少なく、みんなで大きめのロッジに宿泊してロッジの食事をするだけだったが、今回は少人数で自由時間も多いので、町を散策してみた。

ランチには、AG隊のみんなでトモダチという名前の日本食レストランに行ってみた。僕はカツ丼と納豆を頼んでみたが、再現度が高くて大満足だった。

午後は、若干追加したかった登山服を買うためにSherpaというアウトドア用品の店に行った。

僕は、サミット用のダウンズボンの下に綿の素材のズボンを履いていたのだが、近藤さんからそれは保温性が低い割に重いから替えた方が良いと言われていたのだ。そのため、薄手のフリース素材の寝巻きのようなズボンを買った。

店内を見回してみると、ビンソンでもエベレストBCでも会ったシェルパがモデルとしてポスターが飾られていた。

また、喉の痛みを緩和するために、薬局で薬を買ってきた。小瓶の中に蜂蜜のような凝固体の薬が入っている。それを毎日、喉に塗るようにスプーンですくって舐めるようにした。

ほかに、水の飲みすぎでミネラルが体外に排出されてしまい、体や特に舌が痺れてきていたので、ミネラル摂取にサプリメントも購入した。

BCやそれ以上のキャンプでの飲み水は、全て長年堆積した氷河が溶けた水を使うが、これは地中を通っていないし、純粋なH2Oに近い水だそうだ。そのため、摂取していると、体内のミネラルが分解されて排出されてしまうといった説明を受けた。

AG隊は明日からBCに戻るはずだったが、さおり、泡爺、たむちゃんが随分体調が悪く、また、BCはかなり天気が荒れていて過ごしにくいようなので、ナムチェバザールにもう1泊することにした。どちらにしてもヘリも飛ばないのだろう。

ナムチェバザールの天気も悪く、遅い時間帯になると豪雪で雷まで鳴っていた。

BCからの報告によると、BCもそれ以上のキャンプも天候がかなり荒れているようで、僕達以外の隊のシェルパで、嵐に巻き込まれて酷い凍傷になって緊急搬送されたシェルパが4人も出たとのことだった。AG隊も他の隊も概ね同じ行程を辿っているのだが、クライアントが休養中にシェルパが荷上げしてくれるのだが、その過程で事故に遭ってしまったようだ。

そういえば、栗城さんも、体調が優れないままで、何度もヘリで下山してはBCに戻ってくるというのを繰り返しているらしい。

28日目、昨晩は熟睡して夜中にほぼ起きなかった。

深く眠るとSpO2が落ちてしまいがちなので、高所では眠りすぎないようにしているが、久しぶりに深く眠ってリフレッシュできた。それでも起床時のSpO2が90はある。

そういえば昨日、緊急搬送されたシェルパの中には指を切断しなければならないレベルの人もいたようだ。

また、C2ではヘリを誘導中にロープを使わずに行動していたシェルパが大きなクレバスにはまってしまい、亡くなられたようだった。

エベレスト山中での死亡事故などは、全てが共有されるわけではないが、他の隊の安全確保の参考のために、不定期に情報が回ってくるのだが、自分達と同じ状況の登山者やシェルパが亡くなったり、重傷を負ったりした話を聞くのは気が滅入る。

今日は5月9日だが、BC以上のキャンプでは、13日くらいまでは天候が悪いようだ。

## BCに帰還

エベレスト登山では、アイスフォールドクターがBCから山頂までのフィックスロープを張ってくれるという話をしたが、一気に山頂まで張れるわけではなく、彼らも天候を睨みつつ、少しずつ張る作業を進めてくれる。

長い行程分のロープを上げ下げするだけでもかなりの労力で、それらを打ち込んだ支柱に固定させていくわけだから、多大な労力で、まさにスペシャリストチームによる作業だ。

僕達クライアントは、フィックスロープが張り終わるまではサミットローテーションに入らないため、悪天候が長く続き、アイスフォールドクターの作業が遅れると、それだけ僕達の行程も後ろ倒しになる。

さて、ナムチャバザール周辺の天候はそこまで悪くなかったことから、僕とひろくんは、体調が悪いままの3人を置いて、少し体を動かしておくために標高3880mにあるエベレストビューホテルまで往復した。このホテルは、日本人経営で、テラスからエベレストやローツェが一望できることで有名だ。

僕達が昼過ぎにホテルに着いた頃は、若干晴れ間も出ていたため、幸いエベレストとローツェを眺めることができた。午後にはナムチェバザールに戻ったが、近藤さんから翌日にはBCに帰ると報告があった。

29日目、昨晩も熟睡したが、起床時のSpO2は90以上だ。朝8時のヘリでBCに戻った。BC発着のヘリは、空中からBC全体を見渡せるし、晴れているとエベレスト山頂まで眺めることができて、壮大だ。BCは本当に広くて、世界中から多くの登山者が集っていることがわかる。

これが、あと数週間でサミットを迎え、全員が撤収してしまうと思うと、少し寂しさも感じた。

ＢＣに到着すると、当然ながらナムチェバザールの時と比べて息苦しく、また数日間、天気が悪かったことからＢＣ全体が雪を被って銀幕で覆われたようになっている。その後、ＢＣでゆっくり過ごしていたが、SpO2は90を維持できている。

30日目、ＢＣも天気が悪く、昨晩、テント内で寝ながらも外が雪や風で荒れていて騒がしかったぐらいだ。

今朝のSpO2は89、心拍数は67で悪くはない。

ＡＧ隊のうち、体を動かす量が少ないさおりと泡爺だけは、GorakShepまで軽いトレッキングをしに行った。順応が遅れていた分、Ｃ２からＣ３まで向かった日もほとんど行動できていなかったからだ。

僕は喉の調子だけは回復しなかったが、気休め程度にナムチェバザールで購入した薬を舐め、最後は我慢して登りきるだけだと考えていた。

## サミットローテーションのスケジュールが決まった

ＢＣでの生活は十分快適だが、たむちゃんがとても下品な振る舞いが好きなことには苦笑いし続けていた。

彼は共有テントで、わざわざみんなに聞こえるようにオナラをしたり、ゲップをしたりするのが好きで、それがどう面白いのかわからないが、一人でケラケラ笑い、それに合わせた会話もし続けていた。高所で体内圧が変化するのである程度は仕方がないが、ただの下品なおじさんは気持ち悪いだけだった。

近藤さんも、たむちゃんが客だからか、ある程度話を合わせており、たむちゃん本人も気付かず、いつもそんな感じだったのが不快だった。

登山そのものとあまり関係はないが、体調を維持するのに必死な状況下で、くだらないストレスをかけないでくれと思っていたが、彼は彼でそれが自分は気楽にいるための方法なのかもしれない。煩わしいが、チーム登山なので仕方がない。

31日目、アタックに向けた今後の天気予報がある程度具体的になってきたため、各隊がサミットローテーションの予定を立て出しているようだ。

今日は5月12日で、明日までは天気が悪く、14日が無風でベストなアタック日となり、その後もそこそこ良い天候が続くとの予報だ。そのため、BCにいた隊の半分くらいは、数日前から今日にかけてBCを出発し、サミットローテーションに入ったようだ。

つまり、BCを出た後、1日でC2まで一気に移動し、2日目にC3、3日目にC4、4日目に一気にアタックか、1日休養して5日目にアタックという前提で、アタック予定日を定めて、そこから逆算して3、4日前からBCを出発するのだ。

例えば、5月14日のベストな日にアタックするなら、11日にBCからC2、12日にC3、13日にC4、14日にアタックといった行程で動いていく。その場合、11日から13日はやや天候が悪いことをわかった上で、進んでいくことになる。

僕達は、近藤さんの方針で、ベストな日ではなく、ベターな日を狙おうということになった。どういうことかというと、しばらくアタックに向かない天候不良の日が続いた後に天気が良い日がくると、そこに待っていた登山者が集中してルート上に渋滞が発生してしまい、結局、アタックに向かない状態になってしまうのだ。

頂上に向かうにつれて、道は険しくなり、尖った刃先のような幅数十㎝の崖道を登っていくため、登る人と降る人がすれ違うことができないような場所も多い。そのため登山者が狭い場所に集中して身動きが取れなくなり、立ち往生してしまうのだが、高度8000m以上で気温はマイナス30℃以下にもなり、酸素は地上の3分の1という環境での渋滞はまさに命取りになる。酸素切れのリスクも高まる。

そのため、ベストな日は避け、他の隊のアタックが減るベターな日を狙うのが良いと。

また、僕達は体調が万全でないメンバーが複数いるため、もう少し時間をかけた方が良いという判断だ。

今のところ、5月20日の天気も良さそうな予報のため、AG隊は16日にBCからC2、17日にC3、18日にC4、19日にC4で休養をして、20日にアタックという予定を組んだ。

## デスゾーンへの準備

サミットローテーションに向けて、今日の午後は、酸素マスクのフィッティングと講習を受けた。

エベレストではC3で宿泊する行程から酸素ボンベを使うことになるが、酸素マスクはシェルパ会社が所有しているものを貸してもらえるため、そのフィッティングや使い方の講習だ。

酸素ボンベを使えるといっても、酸素ボンベの量は有限なので無条件に使用できるわけではなく、標高6000〜7000m程度の酸素濃度くらいに設定するイメージだ。

デスゾーンと言われる8000m以上の環境を緩和するのが主たる目的の一つだ。

酸素ボンベは種類にもよるが、0・5刻みで3まで設定できたはずで、自分のその時その時の体調やSpO2に応じて使い分ける。

C3で寝る時は0・5や1で、C4に向かって歩き出す時は1・5や2といった具合だ。ただ同じ行程を辿っている時でも、疲れてきたら多めに酸素を出すが、渋滞していて停止状態の時は出力を弱めるといった感じで適宜設定を変えながら進んでいく。

ただ、これは自分で設定を変えるのが大変なら、シェルパに任せっきりにしておけば良い。

酸素ボンベが使えるといっても、もちろん客観的な山の難易度はそのままなので、急勾配の傾斜を登り続けるのは依然大変だ。

また、実際の酸素ボンベの使用に際してもいろいろ難しさはあり、例えば、登山用の酸素ボンベは医療用の酸素と違って、湿度0％の酸素を外気と混ぜて使うのだが、乾燥しきっている空気なため酸素を吸い続けるとさらに喉が痛くなり悪化していく。

よだれや唾や痰が出てくることもあるが、酸素マスクは空気が漏れないようにきつく顔に縛り付けてあるため、簡単には外せず、顔とマスクの隙間から出すことになる。

飲食物の摂取も困難で、ゼリーなどで無理やり摂取するしかないが、ゼリーも凍ってしまうので、僕は板チョコを砕いたものを持参していた。

また、マスク自体が凍結してしまうが、顔に縛り付けてあるため、顔がマスクの縁に沿って凍傷する。

マスクをつけるとフェイスマスクやバラクラバをつけられず、マスク周辺の肌が剝き出しになるため、そこも凍傷してしまう。

凍傷を防ぐために、人によっては、フェイスマスクやバラクラバに穴を開けて口や鼻を開放して、その上から酸素マスクを装着する人もいるが、肌に直に装着することに比べると酸素が漏れる可能性があるため、僕は凍傷よりも酸素優先で地肌にマスクを装着するようにした。

さらに、ボンベ自体もそれなりの重量で、容器が3・7kgで、酸素を満タンにすると酸素分が2kgあり計5・7kgになるようだ。さらに装備品や食料、水2リットル等を背負うが、シェルパに荷物を持ってもらったとしても、アタック時の自分の荷物は10kg程度の重量にはなる。

## ヒマラヤ登山最大の敵は「風」

いろいろと不安がないわけではないが、いよいよ数日後にはサミットローテーションが始まり、その暁にはエベレストのサミッターになれるのだと想像するとワクワクの方が遥かに勝っていた。

今日はほかに、少しだけ空いた時間で、BCの裏側にあるプモリという山を見てきた。未婚の娘という意味らしいが、山の正面に氷河が溶けた水でできた池があり、それが緑色に反射していて綺麗だった。

32日目、BCも最初に到着した頃に比べて暖かくなってきた。

朝方には暑くて寝袋を脱いでしまったくらいだ。

起床時のSpO2は92で万全。

外気温だけを考えたら、もっと後の季節の方がエベレスト山中は暖かくて登りやすいのではないかと考える人がいるかもしれないが、そもそも気温は高所登山において絶対的な条件ではない。

今の時期もせいぜいマイナス30℃くらいで上下ダウンを着ればどうということはない。

それよりも風が吹かないことが大切で、風が吹いてしまうと多少気温が暖かくても一気に体は冷やされてしまう。5月下旬は風が穏やかになるためアタックに向いているのだが、6月以降になるとインド洋からの風で山中が荒れ、大雪やガスで大変な環境になるらしい。

ヒマラヤでもパキスタンにあるK2やブロードピークだと、夏でも海からの風が届かないため登山可能なようだ。

そのため、ヒマラヤの8000m峰14座でいうと、春はネパール中国エリアのエベレスト、ローツェ、アンナプルナ、ダウラギリ、カンチェンジュンガ、マカルー、夏はパキスタンのK2、ブロードピーク、ガッシャーブルム1と2が登山に適していて、さらに秋は再びネパール中国エリアのマナスル、チョオユー、シシャパンマが適しているようだ。

8000m峰は1つ登るだけでも大変で、その後のダメージも大きいため、さきほどの春夏秋に各1座登るだけでもハットトリックと言われて、偉業と認識されているくらいだ。

さて、いよいよ3日後にはBCを出発する予定なので、最終調整と思って、午後からは少し体を動かしておこうと、再びKalaPatherを往復してきた。前回よりも風が吹いていて、エベレスト山頂が微かに見えるくらいだった。

少し天気が悪くて思ったより寒かったのだが、服が十分ではなく、やや体を冷やしてしまった。

さらに、口内が冷えて固まっている状態で食べ物を食べてしまったせいで、口内を噛んでしまい、口内炎ができてしまった。一応口内炎の薬は持ってはいるが、高所では一度傷口ができるとなかなか治らないので、このまま口内の痛みは我慢するしかないと諦めた。

## 高度障害で発狂する

ただ、今日は膝の状態をチェックしたくて、敢えてサポーターを外して歩いてみたが、大きな痛みはなく、脚は万全の調子であることが確認できた。

そういえば、僕がKalaPatherに行っているうちに、アルピニストの野口健さんがＡＧ隊のＢＣに遊びに来ていたらしい。

おそらくヒマラヤの清掃登山をしているのではないかと思う。

野口さんは栗城さんにも挨拶に行ったようだが、栗城さんはやはり体調が悪く、アタックを狙っていくなら、自分の荷物をＢＣよりも上のキャンプに荷上げしなければならないが、それもほとんど進んでいないようだ。

今年はおそらくサミットローテションには入らず、諦めて下山するのではないかとのことだった。

33日目、昨日、KalaPatherの往復で体を冷やしてしまったせいか、朝から若干風邪っぽく、お腹の調子も悪い。

サミットローテーション直前にもかかわらず、体調管理が甘かったが、そこまで大した状況ではないのと、元から様々な不調は当然の前提として考えていたため、念の為風邪薬を飲みつつ、少しでも回復させるように努めた。

今日は、すでにBCを出てサミットローテーションに入った他の隊がアタックをする日で、実際に多くの登山者が山頂を目指したが、予報が外れ天気は悪かったらしい。

道中では、シェルパが高度障害で発狂してしまい、暑い暑いと言って服を脱ぎ出し、そのまま亡くなってしまったようだ。尾崎隆さんが亡くなられた状況に似ている。過去にAG隊として参加してくれたこともあるシェルパだったので、AG隊にも情報が回ってきたのだが、他にも事故は起きているかもしれない。

山の天気を予測するのは難しく、予想が外れることはよくあるが、同じサミットを目指した仲間として冥福を祈るしかない。

さて、僕達は明後日出発の予定だったが、明後日の天気が悪そうだということで、予定を1日早めて明日、C2まで行ってしまって、C2で2泊して天候を調整することになった。

こんな感じで天気予報が変わるたびに行動計画が変化するのは通常運転だ。

## サミットローテーション開始

34日目、5月15日、いよいよサミットローテーション開始だ。

朝4時に起きて準備をし、6時に出発となった。

出発時には毎回、プジャをした台座に軽くお祈りするのが恒例の儀式となっている。僕は普段スピリチュアルな物事にはあまり関心がないのだが、この時は自然と涙が出た。世界最高峰の頂に挑戦させていただくことに対して、体が山への畏敬の念と神秘さを感じとっているのかもしれない。

BCを出発し、まずはC1まで8時間で移動した。

気温はかなり上がっていて、日中は照り返しもあって、25℃くらいには感じたが、これも体力を消耗させる。

氷河帯はあちこちが崩れており、クレバスは広がり、ジャンプをして飛び越えなければいけない箇所も増えていたし、フィックスロープの支柱が打ち込んである氷雪が溶けて支柱が抜けてしまっている箇所もちらほらあった。

この頃になると、アイスフォールドクターの活動が追いつかなくなっているのだろう。

C1からC2は6時間で移動したが、すでに夜8時になっており、吹雪いていて気温はマイナス10℃で、最後はヘッドランプを点けて歩いた。

テントに着いたが、シェルパもドタバタしていて夕食の準備がうまく整っていなかった。

しかし、明日は休養日で体調を回復できるからと考え、この日の夜は軽く食べ、水だけはしっかり飲んで寝てしまった。

テントはひろくんとたむちゃんの3人の相部屋だったが、相変わらずたむちゃんは生活音がうるさいが、これも我慢するしかない。

さおりと泡爺は、BCからC1までしか移動できなかったようで、明日、追いついてくるそうだ。

彼女達は体調がイマイチなので、C1からC2への移動から酸素ボンベを利用するようだ。

酸素ボンベを使える本数は基本的に決まっているのだが、追加で課金することで他の人よりも多く使用することはできる。

エベレスト登山に参加するために何百万円もかかっているのだから、今更、酸素ボンベの費用をケチることもないだろう。

35日目、起床時のSpO2は70であまり良くはない。

しかし、昨日がハードな行程だったし、起きたばかりだしこんなもんだろう。他のメンバーはもっと値が悪かった。

昨日だけで14時間ほど歩いたが、筋肉痛はほぼない。

アタックも長くて18時間程度のようなので、単純比較はできないものの体力面は今のところ大丈夫そうだ。

## 酸素ボンベとの生活が始まった

今日はC2で休養日だが、友人でありラジオDJであるサッシャの紹介で、衛生電話を使って彼がMCを担当しているJ‐WAVEの生放送に出演させてもらった。

通信状況が不安定だったが、エベレストの山中から日本のラジオに生出演できたケースもなかなかないのではないかと思う。

サッシャから、本番中に、何か音声で伝えられる自然の音がないかと聞かれたので、今すぐ雪崩でも起きてくれたら良いのにと冗談を言ったら笑っていた。

C2からは、ローツェフェイスを通ってC3を経由してC4に移動する登山者がよく見えるのだが、明日の天気予報がとても良いらしく、明日アタックできるように今日のうちにC3からC4に移動している人がたくさんいるのが確認できる。

そういえば、14日に両脚のない登山者が登頂したらしく、そのニュースがC2にも流れてきていた。

午後のSpO2は70中盤で若干回復していた。

36日目、起床時のSpO2は70中盤で、昨晩と同じ程度だが、通常、起床時が一番低酸素状態になっているので、それで昨晩と同じ程度であれば高度順応が進んでいるといえる。

今日はＣ３まで移動だが、無酸素での登山はＣ３到着時までとなる。

朝９時半頃、出発の準備が整っていたが、さおりと泡爺が準備にもたついていて、結局、待たされて朝11時の出発となった。

ＡＧ隊はサービスがきめ細やかだが、その分、予定通りに準備できている人が無駄に待たされて割を食うし、近藤さんができない人につきっきりになるので不公平感はある。

海外隊だと、隊のペースについてこられなかったら、下山させられているだろう。

Ｃ３への移動は、前回の高度順応時と同様に、ローツェフェイスの下に、それまで利用してきたトレッキングポールを雪の上に刺して置いておき、順調に登り始めていった。

ローツェフェイスは硬い氷雪の壁なので、自分よりも前を歩く人のアイゼンで削られた小さい氷の粒が落ちてくるのだが、急斜面を転がるうちにスピードがつくので、下にいる登山者に直撃すると結構痛い。

さおりと泡爺はすでに酸素ボンベを使用しながら登っているが、たむちゃんも体調がかなり悪そうで、Ｃ３に到着する前に倒れ込んでしまった。そのため、シェルパがＣ３に荷上げ済みの酸素ボンベを急遽取りに行き、それを使用して登りきった。

僕とひろくんは割と平気にＣ３まで移動することができた。

C3は斜面に上下に広がっており、AG隊のテント場は比較的、下の方なので標高7000mくらいの位置だった。今日はたむちゃんのレスキューもあったせいで休憩時間の多い登山で、8時間も要してしまったが、疲労感はほぼなかった。C3到着時のSpO2は酸素ボンベを使用せずに70で、まぁ及第点だ。

一応、全員がC3に到着したが、近藤さんから、今日は出発のもたつきも含めて1日の行動スピードが遅すぎたため、さすがに明日以降はもっと早く行動するように指示があった。この日の宿泊時から軽く酸素ボンベを使い出したが、僕も初めてのボンベで、顔にマスクをつけたまま寝るのは寝づらかった。

## トイレも容易ではない鬼門に……

C3もすでに標高7000mあり、過酷な環境だが、ロシア人の登山者が数日前にC3で亡くなってしまったらしい。

37日目、朝5時に起き、山頂を眺めていると、すでに登頂したような気になり感慨に耽ってしまった。

しかし、当然、全くの道半ばだ。

特にC3からC4への移動はエベレスト登山の中でも最も鬼門と言えるかもしれない。

急勾配に張られたフィックスロープを必死に摑みながらノンストップで登り続けていく。傾斜がきつくて真っすぐ登ることはできないので、足をハの字型にして登ったり、斜面に対して体を90度横にしてカニ歩きのように登ったりする。このような登り方を何時間も続けなければならないので、足首が痛くなってくるが、体の向きを何度も変え、ロープやアセンダーやピッケルをうまく使いながら、足の特定部分にだけ負担が偏らないように体全体で負荷を受け止めることを意識しながら登っていく。

また、高所用の上下のフルダウンを着ているが、宇宙服をイメージさせるぐらいの分厚さであり、普通に歩くと片方の足のアイゼンが、他方の足のダウンに引っかかって転んでしまうため、ガニ股で歩かないといけない。疲れてきて、普通のステップになると、すぐにアイゼンがダウンに引っ掛かり転んでしまい、ダウンにも傷がついてしまう。

もちろん、トイレも簡単にはできない。何重にも服を重ねて着つつ、上からハーネスで縛っているため、簡単にダウンを脱げないし、ダウンを脱いだとしても肌を露出することで凍傷する可能性もある。そもそも崖のようなルート上では落ち着ける場所がない。そのため、登山者の中にはオムツを履いていく人もいるが、僕はアタック時には下痢止め市販薬のストッパを2回分飲んで一切トイレにはいかないという方法で乗り切っていた。

こういった条件の下、集中力を切らさないように、前の人に置いていかれないように、丁寧に深い呼吸をしつつ、急斜面を何時間も休む間もなく登り続ける必要がある。

Ｃ３以上になると、周囲の登山者も本当に辛そうで、倒れている人も見かけるようになる。

ただ、それと共に、ますます壮大な景色が眼前に広がり、ここで息絶えるならそれでも構わないとすら思えてきて、ハイ状態になってくる。

## この世のものとは思えない展望と死

Ｃ３からＣ４のルートは、ローツェへの山頂への分岐点まではひたすら真っ直ぐ急勾配を登っていくのだが、分岐点からはエベレスト山頂のある左方向に折れて斜面をトラバースし、最後に崖のような岸壁をロッククライミングのように登ると、Ｃ４のあるサウスコルと呼ばれる平地が見える。

サウスコルが見えた辺りで、後方を振り返ると登ってきたローツェフェイスやエベレスト周辺のヒマラヤ山脈が一望できて、この世のものとは思えないほど美しい。Ｃ３からここまで登ってくる過程の疲労感が一気に吹っ飛んでしまった。

あまりの美しさに心を奪われて支配されてしまいそうな感覚になり、とっさに目を逸らしてしまうほどだ。

そこから、僕は残りあと１時間を踏ん張って、なんとかＣ４に到着した。

Ｃ４の標高は７９００ｍで、デスゾーンの領域に入ってきた。

C3からの移動時間は11時間だったが、今思えば真冬のエルブルスでは21時間も歩き続けたのだから、これぐらいどうってことはない。過去に自分がした過酷な経験は、それ以内の過酷さには負けないメンタルを養ってくれているのだ。

AG隊の他のメンバーもふらふらになりながらも何とか全員C4までは到達することができた。ここまで一緒にきたメンバー全員でアタックに臨めることはとても嬉しいことだ。

ただ、他のチームでは、C3からC4のルート間で亡くなってしまった人がいるらしい。こうやって、行程が進むにつれて、少しずつ登山者が欠けていくのを見聞きする度に、当然ながら厳しい自然環境に挑んでいることを再認識させられる。

38日目、今日は1日、C4で休養だが、深夜の日付が変わる頃にいよいよアタックとなる。

朝は気温がかなり下がり、マイナス20℃以下にはなっていたのではないかと思う。

狭いテント内で、3人で寝ているし、寝袋の中にアタックと変わらない上下フルダウンの格好だが、それでも寒い。

天気は特に悪いわけではないのに、強風がテントを突き破るかのように叩き続けている。

ここで嵐でもきたら、本当にテントごと破壊されて、致命傷を負うだろうなと想像する。

日中、ただ横になっていても寝付けないので、酸素ボンベをつけたまま、サウスコルを散策してみることにした。サウスコルは、サッカーの小さいコートくらいの大きさがある。

# 7900mで身勝手な行為をする者

サウスコルからは、エベレストの山頂方向も見渡せるし、C2方向にはローツェフェイスを下方に眺める雪の山脈が眼前に広がっている。

さらに、サウスコルの奥の方に行くと、チベット側も見渡せるが、こちらは山脈だけでなく雪原も広がっており、本当に雄大な景色だ。

近藤さんいわく、サウスコルには、登山者達が残したテントや装備品の残骸が散らかっているし、おそらく息絶えて下山できなかった遺体も放置されているとのことだ。

わざわざそれらしきものに近づくことはないが、確かに、遠目から見ると人の体の大きさに、テントや寝袋等で包まれた横長の物体がいくつか残されており、それが遺体なのかもしれない。

また、ゴミも大量に放置されたままだ。野口さんはこんな環境で清掃登山をしているのかと思うと、本当にとんでもない活動をしているのだなと実感した。

そして、サウスコルでの散策を終えてテントに戻ると、僕とたむちゃんは別のテントだったのだが、彼の都合で僕と彼の配置を変えようと、僕がテントにいない間に勝手に僕と彼の荷物を全て入れ替えていた。

そのせいで必要な小物が見当たらなくなってしまったし、変えられた場所は地面が傾いていて寝にくい形状になっていた。どうやら、たむちゃんが元々寝ていた場所が地面の形状的に不利な場所だったようだ。

誰かがそこで寝なければいけないのだが、僕は元気だから不利な状況にさせられてしまったのか。

どうして7900mの場所でそんな勝手なことをするのかと腹立たしかったし、近藤さんはどういう理由でこれを許したのかわからなかったが、これで議論をしたところで、彼が再度場所を変わるとも思えないし、さらに体力を使いたくないと思って、ふざけた彼の行為を黙って受け入れた。

これがなければと考えたところで、理想の状況が手に入るわけではないし、ハンディがもらえるわけではない。

これも登山の一部と割り切り、与えられた諸条件を全て受け入れて登りきれば良いだけだと覚悟を決めた。

また、友人で医師兼人気作家の中山祐次郎さんの結婚式が日本で行われているため、衛星電話で祝辞をさせてもらった。会話をする際は酸素ボンベを外さなければならないため、地上の3分の1の酸素量で息苦しい中、必死に祝辞を送ったが、これも良い思い出だ。

## いざエベレストの山頂を目指してアタック開始

そうこうしているうちにどんどん時間は経過していき、疲労や興奮もあってか、ほとんど寝付けないまま、午後10時となり、アタックに向けて準備する時間となってしまった。

しかし、他の山の登山でも、アタック前夜に寝付けないことはよくあるので、これは特別悪い状況ではなく、想定の範囲内だと自分に言い聞かせた。

食事をして準備を終え、深夜12時頃にアタックに出発するためにテントの外に顔を出して周囲を見渡すと、暗闇の中のあちこちに登山者のヘッドライトが灯りとなっているが、想像以上に冷たい風が強く吹いていた。

エベレストの山頂方向を見上げると、すでにアタックを開始した登山者のヘッドライトの灯りが一直線に伸びている。

しかし、空は暗く、横殴りの雪も降り注ぎ、登山者に覆い被さっているようで、まるでエベレストに棲み着く悪魔が、多くの登山者のうちから誰を死の世界に連れて行こうか探しているような錯覚を覚えた。

そして、僕はわざわざそこに飛び込んでいくのだ。前に踏み出したら最後、ここに戻って来られるかはわからない。

それでも僕に恐怖は一切ない。

僕は弁護士を半ばリタイヤしたような状態で、自由な時間とお金を使って、こんな世界の極地に来させてもらっている。

独身で、こんなにも好き勝手な人生を送らせてもらっているのであれば、何が起きても本望だ。

登頂するまでは絶対に下山しないし、途中で引き返すくらいならそこで死んでも良いと思ってテントを飛び出した。

エベレスト街道に入って39日目、5月20日、日付が変わった頃にアタック開始となった。

これまでの行程は、クライアント複数名につき、クライアントの数よりは少ないガイドやシェルパが帯同して、彼らがチーム全体をサポートしていたが、アタックの際にはクライアントとシェルパが1対1のマンツーマンで行動する。

アタック直前にクライアントとペアになるシェルパが紹介されたが、暗闇なので、誰が誰なのかよくわからない。

僕はともかく前の人に着いて歩き続ければ良いと思っていた。

いざ出発と思ったところ、なんと酸素マスクがうまく使えなくなってしまっていることに気がついた。

アタック開始のためにテントの外で少しの間、準備をしていたのだが、その際、酸素マスクを雪の上に置いてしまっていたため、チューブが凍結して使えなくなってしまったのだ。

凍結部分を温めても良いのだが、その時間が無駄になるため、予備の酸素マスクを使わせてもらうことになった。

しかし、予備のマスクは、C4までに使い続けてきたマスクとは大きさも形も硬さも紐の縛り方も異なるタイプのものだった。せっかくこれまでのマスクでは、登山中にずれてくるマスクの位置を直したり、休憩時にマスクを着けたまま多少の飲食をしたりすることに慣れてきていたのに、全く使い慣れていないマスクに運命を託すことになった。

しかも、暗闇でシェルパにマスクを後ろから装着してもらったため、一度外すと自分で再装着できる保証もなく、この際マスクには触らず、一切飲まず食わずに登りきってやろうと腹を括った。

そもそも僕のミスだし、予備のマスクがあるだけ感謝しなければならない。

こんなアクシデントはもちろん想定の範囲内だ。

## 3本計18時間分の酸素に命を託す

さて、僕達クライアントがアタックに使える酸素ボンベは3本ある。

そのうち1本を自分のバックパックに入れて背負いながら使い、使っていない2本は一緒に歩くシェルパが持ってくれる。

僕の酸素使用ペースは1時間3リットルで、これだと1本あたり最低6時間は持つ。3本だと、18時間がリミットの目安で、この間にC４に戻って来られないと酸素切れとなってしまう。

もちろん、水中ではないので酸素ボンベが尽きても自然の酸素濃度の空気はあり、即死するわけではないが、危険度は一気に高まることから、一応この時間がリミットとなる。

また、アタック終了が遅い時間になりすぎると、それだけ嵐が発生するリスクも高まるし、深夜12時に出発したら夕方くらいには戻ってくる予定だ。

ちなみに、シェルパは酸素ボンベ２本でやりくりする。

これは持ち運ぶ酸素ボンベの本数を減らして重量を軽くしたいのと、シェルパはクライアントよりも高所に強く、僕達よりも酸素の使用量が少なくてもアタック可能だからだ。

それでも、シェルパは僕とシェルパの酸素ボンベ計5本のうち、僕が使用中の1本を除く４本を運び続ける必要があり、単純計算で酸素ボンベだけで20kg以上の重量だ。

いかにシェルパが強靭かわかるだろう。

ただ、シェルパもピンキリで、クライアントよりも遥かに厳しい条件でアタックをするため、シェルパの方が先に倒れてしまうケースもあり、シェルパの死亡事故も決して少なくない。

逆に、さおりは追加で費用を払って、酸素ボンベ４本で登るようだ。

これだと1時間4リットルは使うことができ、随分楽に登れるはずだ。

エベレストの世界最高齢の登頂記録を有している三浦雄一郎さんが世界記録に挑戦した時も、ガンガン酸素を使いまくって、10本とか20本も消費したと聞く。これだけの酸素ボンベを一人のシェルパが持ち運ぶことはできないから、シェルパも複数人に依頼することになるが、極端な話、大名行列のようにシェルパを多数配置して大量の酸素ボンベを使えば、登山は一気に楽になる。

中国やインドのお金持ちの人だと、自分が使用中の酸素ボンベすらシェルパに持ってもらい、長いホースで酸素を吸いながら手ぶらで登る人もいるみたいだし、アイゼンの装着の仕方すらわからないぐらい登山経験が少ない人もいるみたいだ。

ただ、それでも急勾配の斜面を登り続けることに変わりはなく、難易度が十分高いことには変わりはない。

## 三浦バルコニーから南峰へ

さておき、僕は12時過ぎにはアタックを開始できたが、まずは1時間程度、比較的緩やかな斜面を歩いた後、フィックスロープが取り付けられている急斜面にやってきた。この斜面を今から高度約500m分をノンストップで登り続けなければならない。

平らな場所が全くないので、途中でまともに休むことはできないし、前にも後ろにも登山者がおり、ペースも合わせなければならない。

この辺りで、僕よりも少し前にスタートしていた泡爺がC４方向に降りてきているのに遭遇した。聞くと、ここで諦めてC４に引き返すようだ。これまでの過程で、自分にはかなり厳しいと感じていたのだろう。しかし、60代ぐらいの年齢でここまで来ただけでも、とてつもないことだ。お互いを祈願して別れた。

僕の前にはたむちゃんが登っていたが、彼はペースが上がらず、僕が普通に歩くよりも遅いペースで登っていた。

そのため、僕が1歩前に踏み出そうとしても、ワンテンポ待たなければならず、その分、急勾配の傾斜で余分に静止しなければならず、余計に疲弊した。

しかし、フィックスロープは1本で繋がっているし、ロープから外れてまでたむちゃんを抜かすのは危険だ。

後ろから合図を送って、抜かさせてもらおうかとも思ったが、吹雪いていて酸素マスクをしている状態ではコミュニケーションを取るのも難しい。

ひとまずこのままゆっくりとしたペースで登っていくしかないかと諦めた。

登山はレースではないので、ペースに関係なく、最終的に登頂さえできれば良いのだ。

結局、4時間程度登り続けると、急勾配が終わり、テントをいくつか張れるくらいの平地のある場所に出た。

ここまでノンストップで4時間も歩き続けたが、暗闇の中でヘッドライトの灯りに照らされた自分の手元や足元だけを注視しながら、一心不乱に登り進めてきたため、あっという間に感じた。

ここは標高8500mくらいで、三浦雄一郎さんがキャンプを設営して寝た場所らしく、三浦バルコニーと呼ばれている。

僕はここで小休憩しつつ、1本目の酸素ボンベを交換して再スタートした。

僕の前を歩いていたたむちゃんとは順番を変え、僕より早くC4を出ていたさおりもここで抜いて先に行かせてもらった。ひろくんはもう少し先に進んでいるようだ。

次の行程は、少し左に折れつつ、ナイフの刃先のようなナイフリッジ上のルートを登っていく。

両側が完全に崖になっているが、暗闇のおかげでヘッドランプの灯りくらいしか見えないのと、興奮状態にあるため、崖であることも忘れてひたすら登り続けた。

途中、岩や氷の上を歩いていかなければならず、フィックスロープを使いつつも大きな段差があればよじ登って這い上がったりしつつ、進んでいった。

三浦バルコニーから3、4時間ほどでエベレストの南峰の頂に到着した。

ここに到着するまでの時間が遅すぎると、タイムアタックとして時間が間に合わなくなるため、サミットを諦めて強制下山となることもあるようだ。

タレントのなすびさんも２０１３年にエベレストに挑戦した際にはここで下山となったようだ。なすびさんはその後も諦めず、２０１４年には氷河帯の大崩落、２０１５年にはネパール大地震と2年連続で強制的に登山中止となりつつも、２０１６年にようやく初登頂を果たした。

## 自分より高いものは雲と太陽だけ

南峰を過ぎて、旋回しつつ登り続けていくが、道中、アドレナリンが出まくり、脳内も覚醒しきっており、辛さ寒さや恐怖は一切記憶にない。

ただただ頂上を目指す覚悟と、少しずつ暗闇が開かれつつある中、常に広がる広大な景色に胸を高ぶらせて一歩一歩登り進めていた。

次第に朝日が登ってきて、周囲の山脈も見渡せるようになっていったが、地平線に登る朝日と、朝日に照らされるヒマラヤ山脈がなんて神々しいことか。

そして、興奮しつつ一歩一歩進んでいき、ヒラリーステップと呼ばれる崖上になっている岩場に辿り着いた。

ここはエベレストの人類初登頂を果たしたエドモンド・ヒラリーの名前にあやかってつけられた箇所だが、道幅が極端に狭く、岩が積み重なってできており、登る人と降る人とですれ違うのも困難だし、登山者はここに来るまでに疲弊しきっているしで、渋滞も発生しやすい難所だ。

しかし、聞くところによると、2014年のネパール大地震の際に、形状が随分と変わったようで、以前よりは遥かに登りやすくなったようだ。

確かに、名前に聞いていたほど、特別な難しさはなく、少し慎重に進めばどうということはなかった。

ヒラリーステップを超えると、最後は細いけど平坦な道が続き、その先に頂上が見えた。まさにビクトリーロードのようだった。登頂の喜びを自分の中で盛り上げようと、何か頭の中でそれらしい歌でも歌おうかと思ったけど、心が躍ってしまい、曲が冷静に浮かんでこなかった。

世界最高峰の頂に立つ

ふらふらになりつつも山頂に辿り着き、僕はC4から約10時間で世界最高峰の頂に立つことができた。

ペースはゆったりめだと感じていたが、気持ちがはやっていただけで、今思えば長時間の移動としてはこんなもんだったのかもしれない。

天気も比較的良く、視界は良好だっ

たが、それでも気温はマイナス25℃を下回り、強い突風が吹き続けていた。写真を撮るために指を出したらすぐに凍傷しそうになったぐらいだ。

山頂では20分くらい滞在して、写真を撮り、ほぼ同じタイミングで登頂した近藤さんとひろくんと、少し遅れてきたたむちゃんと、共に成果を喜び合い、噛み締めた。

山頂に来るまでは、暗闇の時間が長かったことや、写真撮影のために静止するにも不安定な箇所ばかりだったり、フィックスロープで前にも後ろにも登山者がいてペースを合わせなければならなかったりしたことから、あまり写真は撮れなかったが、心にははっきりと刻まれている。

自分より高いものは雲と太陽しかない。

ヒマラヤ山脈の7000m峰の険しい山々さえ、自分より下に眺めることができる。圧巻の光景だ。

エベレスト山頂からの景色を正確に表すだけの言葉を僕は持ち合わせていない。

さて、映画のワンシーンだと、登頂して終わりなのだが、現実はここから同じルートを辿って下山しなければならない。

## ローツェへの縦走にチャレンジ

現実は世界で最も危険な場所にいるわけであり、すぐに下山しなければならない。そして、一般に下山時は登っている時以上に事故が多いと言われている。なぜなら、すでに体力を消耗しているし、登頂した安堵感で集中力も減っているからだ。

また、登っている時は斜面に対して体が近い位置に向いているため転倒してもすぐに体勢を制止させやすいが、下山時は斜面と体が遠いため転倒した時に地面に対して加速してしまい、そのまま転がり落ちてしまうのだ。

そのため、下山時も気を引き締めて一層慎重に歩かなければならない。

そして、頂上を出て、ヒラリーステップを再び超えて高度を下げて行こうとした辺りで、さおりが登ってきていることに気がついた。

これまで体調が良くなかったし、ペースも遅かったため、ここまで来られていることに驚いた。僕達より酸素を多めに使っているとはいえ、凄い根性だ。

登頂の余韻もあり、下山時のことはあまり覚えていないが、すっかり夜が明けた景色は、ヒマラヤの隅々まで壮大で美しかった。

風は少し強かったけど、天気は幸い晴れてくれていた。

下山途中、2本目の酸素ボンベを使い切り、最後の酸素ボンベに取り換えようと、シェルパに作業してもらっていたところ、酸素ボンベとマスクを繋ぐチューブのシリンダーを雪の中に落としてしまい、凍結して使えなくなってしまった。

一瞬、最悪ボンベなしでC４まで戻ってやるかと思ったが、しばらくシリンダーを温めたり掃除したりして、何とか使えるようなった。シリンダーを紛失しなくて良かった。

それからも下山を続け、アタック開始から16時間でC４に戻ってくることができた。C４に戻ったといってもまだ高度７９００ｍもあるわけで、少しも油断はできないのだが。

さて、あとは下山するだけだと言いたいところなのだが、実は僕は世界4位の標高８５１６ｍのローツェにそのまま縦走する計画をしていた。

エベレストとローツェは隣同士にあるが、一度下山して、また違う時期にローツェに挑戦しようと思えば、改めて1か月以上の行程が必要になり、費用も数百万円単位で必要になるだろう。しかし、このまま一気にローツェに登ってしまえば、１日頑張るだけで登れてしまうし、費用も１００万円程度の追加にしかならない。

ただ、エベレスト登頂後にそのままローツェも登るのは体力やメンタル的にハードであることは確かで、そんな縦走をする登山者はエベレスト登山者のうち1割もいないだろう。

ＡＧ隊では、過去には真鈴の前に数日だけ日本人最年少エベレスト登頂記録を保持していた伊藤伴くんが、近藤さんとエベレストローツェの縦走を果たしたようで、それ以来、ＡＧでは同じ縦走オプションを提供しているようだ。

そして、僕以外にひろくんとさおりもローツェ縦走を申し込んでおり、さおりにいたってはさらにマカルーまで申し込んでいたぐらいだ。マカルーは一気に縦走できる距離にはないが、エベレストBCからマカルーBCまでヘリで30分もかからないくらいの位置にあり、セットで行けなくはないからだ。

ただ、さおりはエベレスト登頂だけでふらふらだったので、ローツェとマカルーはキャンセルになるだろう。

僕とひろくんは、ローツェ縦走に行く気だったが、近藤さんは自身のエベレスト登頂と、特にさおりのケアで時間も気も使い、疲弊もしており、ローツェのことはあまり気にかけていない様子だった。

僕がエベレスト登頂後にC４に戻ったのは16時で、ひろくんも似たような時間だったのに対して、近藤さんが戻ってきたのは正確な時間は忘れたが、18時にはなっていたと思う。休憩したり食事をとったりしつつ、20時頃になってようやくローツェアタックの話が出た。

翌日中には全員がC２に降りなければならないが、ローツェにアタックするなら深夜1時には起きて準備して出発しなければならないと。

そして、近藤さんはローツェには行かず、シェルパに任せるとのことだった。

提案の仕方も、どうですか、やりますか？　といった感じで、最初からエベレスト登頂が終わった直後にローツェにアタックするのはかなりきついし、やめてもいいんじゃないかと言わんばかりに話をしているように感じた。

そんなことは初めからわかっていったし、AGはその前提で集客し、ローツェ縦走分として追加で100万円くらいの徴収をしているわけで、何とも無責任に感じた。

とはいえ、やる意外に選択肢はないので、ローツェアタックに向けてわずかに仮眠をとるようにした。

## ローツェアタック

40日目、5月21日、深夜1時に起きた。

一昨日の夜、エベレストアタック前夜はトラブルもあって碌《ろく》に眠れないまま気合いでエベレスト山頂まで往復したが、その後、昨晩も数時間程度しか仮眠できていない。

さすがに体力面でも精神面でも限界は近づいている。

ひろくんもやはりアタックするようだったが、さおりは行かないと。どうやらローツェ用に余分に用意していた酸素ボンベをエベレストで多めに使ったのだと思う。

僕は先にお話しした理由もあり、またいつかローツェに行こうとしたら大変だし、登頂まで行けるかどうかに関係なく、ともかくスタートはしようと思った。

準備を整えて、深夜3時にアタックを開始した。

僕を担当してくれるシェルパはプラチリになった。彼はAGが外注しているコスモトレックの社長も務めているリーダーで、日本語も多少は話せる。

まずはC4から、エベレストとローツェの分岐点まで、行きに通ったルートを下っていく。標高7700m辺りまで高度を下げて、そこからローツェ山頂方面に折れてローツェフェイスを登り抜くことになる。

ローツェは尖った山で、山の岩肌に張り付いた氷にフィックスロープを張り、ひたすら真上に登り続けていくようなルートだ。

休む場所はなく、もしかするとエベレストのアタックよりも急勾配の坂を何時間も登り続けていく必要がある。

それにもかかわらず、エベレストアタックに比べて、登り方も雑になっており、ほとんど体力が残っていないのに力任せで登ってしまい、すぐに脚や足首ばかりが消耗してしまい歩くペースがどんどん落ちていった。

靴も以前から足に合っていなかったが、それがエベレストアタックの際には興奮状態で気がつかなかったのが、どんどん痛むようになってきた。

傾斜角度が急なまま、高度を上げていくと、山頂に向けて道幅は狭くなっていく。登山者はみんなフィックスロープを使って同じルートを一直線に登っていくため、上の人が登る際に落とした氷雪が下の人に落下してくる。

ローツェアタックを開始して、何時間経ったかも覚えていないが、ある程度登った辺りで急激にアタックが楽しくなくなってしまった。

C4を出る時点で、近藤さんのやる気のなさから何となく物足りなくなったし、ローツェの登山行程もあまり面白くないし、足も痛いし、何より世界最高峰のエベレストを制した今、よほどの登山好き以外は誰も聞いたことがないようなローツェを登ることに価値を見出せなかった。

そして立ち止まって、プラチリにあとどれくらいで着くかを聞いた。

## 氷塊が頭部を直撃し……

これまでの行程で、目的地点までどれくらいで着くかを聞いたことは一度もなかった。終わりを意識して逆算して力を出していくと、何かトラブルが起きて予定が狂った時に途端に疲労感が溜まってしまうからだ。

それよりは、僕は山頂が見えても、実はあれは山頂に見えるだけで、その遥か後ろに本当の山頂があるはずだと思うようにして、標準的な行動時間よりも長い時間を歩く必要があると頭の中でイメージするようにしている。

しかし、この時は一刻も早く終わりたくて、あと何時間歩けば良いのかを聞いてしまったのだ。

するとプラチリはあと2時間で山頂だと言った。

これまでの長い行程からすると、誤差ぐらいのもので、本当にゴールは目の前だ。

後から確認しても、朝3時にアタックを開始して、この時、朝11時頃で、標高８３５０ｍだったので、時間的にも高度的にも本当にあと少しだったのだろう。

しかし、プラチリと話をしていたその瞬間、上方からおそらく先を登っている登山者が落とした直径20～30㎝程度の氷の塊が猛スピードで転がりながら落下してきた。

そのまま避ける間もなく、プラチリの頭に直撃した。

プラチリはヘルメットを被ってはいたが、ヘルメットと、ヘルメットで覆われていない耳の辺りにぶつかり、ぶっ倒れそうになって悶絶していた。

この事故を目の当たりにして、いよいよリスクをとってローツェ頂上を目指すメリットもモチベーションもないと思った。

そのため、プラチリに下山させて欲しいと伝えて、ここで敗退となった。

プラチリは勿体無いとしきりに僕を説得してくれたが、プラチリ自身も氷塊の直撃を受けてテンションは下がっているように見えた。ひろくんは、僕よりも少し先を行っていて、そのまま山頂を目指すようだった。その後、僕とプラチリは下山を開始し、まずはエベレストとの分岐点まで降りた。

プラチリが近藤さんに無線で連絡を取ると、ようやくエベレストのC4を出発したが、まだ上にいるようだったので、僕はここでしばらく休養することにした。わずかに平らな場所が確保できたので、登山者のルートから少しだけ外れた場所で仮眠をすることにした。

顔を布で覆っていたが、眩しさもあって、うまく寝られなかった。それでも二日連続で徹夜に近いような睡眠状況で、エベレスト登頂後にローツェアタックまでこなした疲労が溜まっていたのが少しは回復したかもしれない。

しばらくして体を起こし、下山を開始することにした。

## C2まで単独で下山と虫の知らせ

まだ標高7700mで、標高6500mのC2までは随分と距離は残っている。

しかも、ローツェアタックの行程をきちんと説明を受けていなかったため、行動食や飲み物の確保をどこまですべきなのか理解しておらず、いずれもC2までの下山には全く足りない状況だった。

さらに、プラチリも荷下げの予定があるのか、僕とは分離してしまい僕は単独で下山することになった。

下山途中、行動食も飲み水も使い果たし、ルート上の雪をかじりながら歩いたが、ふらふらだった。

C3を通る時、他の隊のテントが残っていたことから、何か恵んでもらおうと徘徊してみたが、空のテントも多く、ぱっと話せて食べ物をもらえそうな雰囲気でもなく、諦めてそのまま下山を続けた。

行動食として、エナジー系のゼリーだけ少し持っていたので、これを何個も口にしつつ、無理やり歩き続けた。

ローツェフェイスを下っている最中、C2のヘリが飛んでくるのが見えた。

C2へのヘリは基本的には緊急のレスキュー用のヘリしか飛ばすことができないと聞いていたので、虫の知らせのようになんだかとても慌ただしく感じた。

この数日間はエベレストにもローツェにもアタックした登山者は多数いただろうから、事故が起きていないといいのにとぼんやりと考えていた。

ようやくローツェフェイスを降りきった頃には少し周囲は暗くなってきた。

行きに置いていったトレッキングポールを探したが片方しか見つからなかった。

両手分の2本を雪に刺していったのに、片方だけ紛失するはずはなく、きっと盗まれてしまったのだなと思ったが、その人も本来の持ち主である僕のために片方は残していったのかと考えると盗人なりのギリギリの選択だったのかなとなんだか可笑しくなった。

ローツェフェイスを降り切った辺りからC2までは比較的緩やかな傾斜を降りていくだけで、所要時間は1時間程度だ。

もうすぐゴールだという安堵感から、僕に若干の余裕を与えてくれていたのかもしれない。

そして、気力を振り絞って、なんとかC2に辿り着いた。

## 栗城さんの訃報が届く

近藤さんも僕に遅れてC2に着いたが、シェルパの一人が近藤さんに何かの報告をしている。

すると、近藤さんから、栗城くんが亡くなったとの一言が発せられた。

僕はその訃報を聞いてギョッとした。

栗城さんは、エベレストに来る前に日本で共通の友人を介して会ったことがあり、僕がアコンカグアに登頂している写真を見て、エベレストも頑張りましょう！　と言ってくれていた。

それが、僕達がC4からC2に移動している間に、栗城さんはC2とC3の間くらいで亡くなっていたのだ。

C3から下山中に見たヘリは、栗城さんを搬送するレスキューだったのだろう。嫌な予感が当たってしまった。

栗城さんが委託しているボチボチトレックというシェルパ会社は、元々はAGが委託しているコスモトレックの社員が独立して設立した会社ということもあり、シェルパ同士は仲が良くて情報交換をしているため、栗城さんの死亡について、AG隊にも速報を伝えてくれたのだ。

栗城さんは、C2からC3に向かうローツェフェイスをノーマルルート方向にまっすぐC3に向かうのではなく、左に垂直に折れて斜面をトラバースした上、岸壁をよじ登ってC4に向かおうとしたようだ。

それがC3くらいの高度まで登ったものの諦めて引き換えそうとしていたところ、滑落死したとのことだった。

そういえば、以前、僕達が高度順応のためにC3近くまで一度近づいた時にも、誰かがローツェフェイスをトラバースしようとしているのを見かけたが、それは栗城さんが下見をしていたのかもしれない。

栗城さんは、単独無酸素でのセブンサミッツ制覇に挑んでおり、最後の山となったエベレストでは、登山史上誰も踏破したことのないような最難関のルートに挑戦しようとしているという噂だけは聞いていた。

しかし、死人に鞭を打つような言い方になってしまうが、今回のエベレスト遠征では栗城さんは全く仕上がっていなかった。

BCに入ってからも高熱を出し続けて、複数回ヘリで下山していたし、高度順応ではC3の標高すら一度も行けていなかったのではないかと思う。荷上げも全く進んでいなかったようだし、その状態で単独無酸素かつバリエーションルートと呼ばれるノーマルではない難関ルートを挑戦するのはあまりに無謀だったと思う。

## 「単独無酸素」の定義

また、単独無酸素という表現にも様々な議論があり、栗城さんに関しては長年物議を醸していた。本来、単独登山とは、キャンプ地も登山中も誰の手も一切借りない登山を意味することが多い。海外の単独登山者は、他人が踏み固めた足跡すら歩きやすいから使わず、人が踏み入れていない氷雪の上しか歩かない人すらいる。

これに対して、すでにお話ししてきたとおり、栗城さんはBCではシェルパに委託して様々なサポートを受けているし、BCより上に高度を上げる場合もシェルパに荷物を運んでもらい、道中で飲食物を手助けしてもらっていたと聞く。

少なくとも、エベレスト街道からサミットに至るまで誰の手も借りないという意味での単独ではなかった。

ビンソンでも、ALEの宮崎よしこさんから聞いた話では、栗城さんはALEのビンソン登山ツアーに参加しつつ、ALEのルール通りガイドと一緒にビンソンに登っているが、写真や動画を撮る時だけガイドが映り込まないように離れて撮影をしたがり、ALEからは随分顰《ひん》蹙《しゅく》を買っていたとのことだった。

栗城さんの定義では、歩いている最中が単独という意味だったのかもしれないが、それなら僕のように商業登山に参加している登山者とあまり変わらない。商業登山でシェルパとペアになって登っている最中も歩く行動そのものは自分でするしかなく、おぶってもらうことなんてできないし、いざ事故に遭った時に助けてもらいやすいだけで、実質的には単独で登山しているのと登山そのものは何ら変わらないからだ。

特に、単独であることの一番の難しさとして、フィックスロープを使えないことが挙げられる。

フィックスロープを自力で張ったり、フィックスロープを使わずに登ったりするとなると何倍もハードルが上がるが、栗城さんは場所によっては他人が張ったフィックスロープを使っているようだった。

また、無酸素についても、そもそも酸素ボンベを使う登山は8000m以上の登山に限られる。

セブンサミッツのうち、エベレスト以外は最初から無酸素なのだ。

だから、栗城さんが単独無酸素で制覇済みのエベレスト以外の6座については、僕だって誰だって無酸素で登っている。栗城さんは、エベレストについても本来酸素が必須である8000mにはそもそも到達したこともなく、むしろ下山時に酸素を吸ったと公言しているぐらいなのだ。

ただ、そもそも登山は競技ではないので、人それぞれが自分の楽しみ方をすれば良い。

栗城さんは栗城さんで、自身の定義に基づいて単独無酸素の登山に挑戦し、その過程を多くの人に見せることで人気を得ていたし、それと同時に多くの人に夢や元気を与えてきた。

## 冥福を祈る

また、無酸素単独という表現に対して批判を受けやすかったものの、８０００ｍを何座かは登頂しており、それだけでも十分な実績であることは間違いない。

ただ、活動を続けるに当たって、ＰＲが必須になり、過剰な表現を用いたり、自身の実績や能力に比して極端に難しいルート選択をしたりして話題を起こさないといけないような状況に追い込まれていったのではないかと思わざるを得ない。

なぜなら、栗城さんが選んだ今回のルートは、栗城さんの調子で踏破することは絶対にできないルートだったからだ。

野口さんは、このルートについて、東京タワーを階段で登るのがノーマルルートとすれば、外側を強引によじ登るようなものだと形容していた。

それぐらい難易度の高いルートを、高熱を出しまくって町にヘリで何度も戻り、高度順応も荷上げも進んでいない状態で挑戦するのは、目標が登頂ではなく挑戦を見せることにあったのだと思う。

挑戦する姿勢を多くの人に見せることで共感を得ていったが、そのためには難易度を上げた挑戦が必要になっていく。しかし、実績や能力はそんな簡単に向上していかないという当たり前のジレンマがあり、そんな中で少しずつ身の丈に合わない挑戦が増えていってしまったのかと思うと、いつか起こるべくして起こった事故といえるのかもしれない。

ただ、僕が思うに、栗城さんはきっといつかこうなることはわかりつつも、そんな人生に満足をしていたのではないかと思う。

なぜなら、彼は登山家だからだ。

登山家なんて、元々社会的な生産性もなければ、他人の役に立つことは基本的にしていない。ただ、自己満足や自己実現のために山を舞台にやりたいことを追求することを生業としているに過ぎない。それでも山を愛し、敬い、時として周囲の人に勇気や希望を与えることもあるのが登山家だ。

栗城さんは彼自身の描く登山家としての人生を全うしたのだと思う。

違うルートながらも共に同じ時期に隣同士のキャンプ地からエベレストの頂を目指した同志として、これまでの挑戦に敬意を表し、せめて安らかに眠って欲しい。

2018年5月21日、栗城史多さんの冥福をお祈りします。

## 底知れないネパール人の体力

さて、C2に到着して、栗城さんの訃報を聞いた後、休息を取りつつ、他のメンバーも全員が揃うのを待っていた。

すると、ひろくんが帰ってきたが、無事にローツェにも登頂したようだった。

ローツェ登頂について話をしていると、山頂に外国人男性の登山者の遺体が体育座りの状態で放置されていたようだ。おそらく単独登山で休んでいる最中にそのまま息絶えてしまったのだろう。

ひろくんは、最初なぜか遺体を人形と勘違いし、やたらリアルな人形が置いてあって驚いたと言っていたので、写真を見せてもらったら明らかに遺体だった。

当たり前だが、僕達が挑戦していた山は人を死なせる山なのだ。

改めてモチベーションが落ちていた中、無理に登頂を目指さなくて正解だったと認識させられた。

さらに、昨晩、AG隊のエベレストアタック時にシェルパを務めてくれたシェルパの2人が、C4から使い終わった空の酸素ボンベやテントを荷下げしつつC2に戻ってきた。そして、C2に着いて荷物を置くなり、C4にはまだ荷物が残っているから、今からまた取りにいってくると出発していった。

彼らは、僕達クライアントと同じくC4からエベレスト山頂を往復し、C2に下山した直後に、さらに再度C4を往復するというのだ。

これを見た時、僕達クライアントの登山者と、ネパール人のシェルパでは体力も高度順応も何もかも違い、地球人とサイヤ人くらいの差があるのだなと思った。

登山者同士で、単独だ無酸素だ、酸素ボンベを何本使ったとか張り合う人がいるが、ネパール人のシェルパに比べたら誤差だ。

登山に関する様々な記録も、括弧ネパール人を除くという注記があって初めて成り立つものなのかもしれない。

41日目、今日はC2からBCへの下山だ。

今日がエベレスト登山で最後の登山らしい行程だが、まだまだ危険な場所であることは間違いなく、油断はできない。

AG隊はさすがに全員が疲労困憊で、朝はゆっくり準備をした。

午前11時過ぎにようやくC2を出て、午後1時半にC1に到着。

お馴染みになってしまったルートで、ビル3、4階建てにも相当する氷雪の壁を消防士のようにロープで下降するのも慣れたものだ。

C1からBCまでは再び氷河帯を通過していくが、行きにあったセラックが溶解して平らな雪原のようになっている箇所もあった。

これまではセラックの合間を縫って、ハシゴを使ったりクレバスを渡ったりして右往左往に進んでいたようなルートが真っ直ぐ進んでいけるように平らになっていた。

そのせいか凄く楽に降りられた気がするが、単に僕が氷河帯に慣れただけかもしれない。

## 成功の宴

BCに到着する前に、氷河帯の終わりのあたりで毎回アイゼンを脱ぐのだが、シェルパがそこまでコーラをデリバリーして待ってくれていた。こういう気が利くサービスはAG隊ならではだ。

BCには午後6時に到着したが、BCをサポートしているシェルパ達が大歓迎してくれ、打ち上げをして、特大ケーキを食べさせてもらった。

42日目、明日から下山することになったので、今日は荷物のパッキングだ。

もうバイタルを測る必要がなくなったので、毎朝の近藤さんからのコールはない。

朝ごはんの後に、シェルパがまたコーラを配ってくれた。日本では炭酸ジュースなど滅多に飲まないのに、山中だとどうしてこんなに美味しいのか。

そういえば、日本で唯一、8000m峰14座を制覇している竹内洋岳《ひろたか》さんは、登山中の飲み物は主にコーラらしく、炭酸を抜いたコーラを大量に持っていくらしい。

ランチ後に共有テントでメンバーと団欒していると、C1方向の氷河帯からとてつもない轟音が鳴り響いた。

それまでも氷河帯周辺で雪崩が起きたことはあり、その時は一瞬凄い音が鳴って驚かされるが、雪崩の音は見た目以上に音がうるさいだけで、実際は大したことがないのも多いのだが、今回の轟音は過去のものとは全く異なり、大きく深く長く響き渡って唸りを上げるような音だった。

急いでテントを出て氷河帯の方を見ると、氷河帯の上部、おそらくC1に近いくらいの位置で、激しい雪崩が発生しており、氷雪による白煙が高く舞い上がっていた。

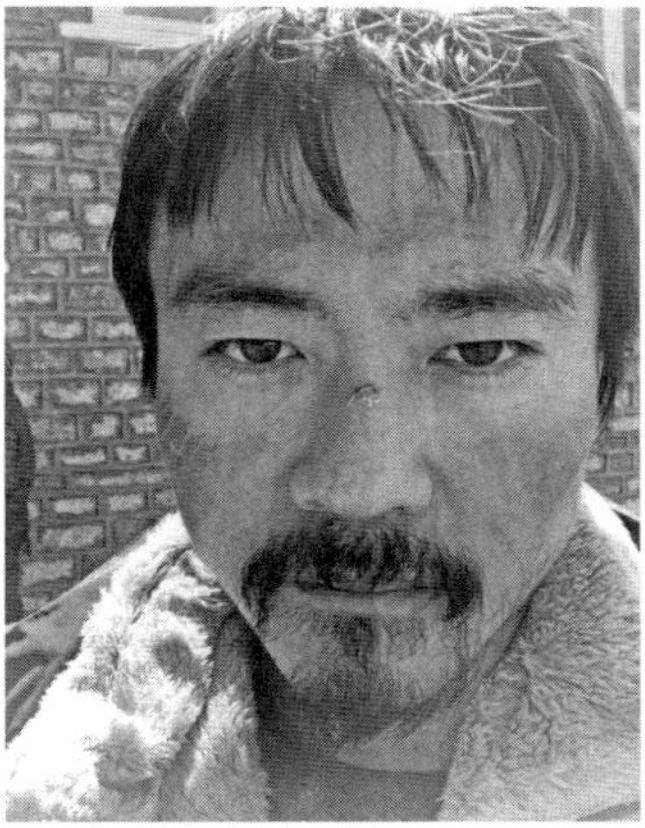

極地からの生還

他の登山者達もみなテントの外に出て様子を伺っていたが、近藤さんに確認すると地形的にBCまでは届かないらしく、ひとまず自分達は安全そうだ。

しかし、目の前に起きている巨大な雪崩は、まさに僕達が何度も通過したルート上で起きている。本当に少し時間帯が違えば巻き込まれていただろう。

そして、今、他の登山者やAG隊のシェルパが巻き込まれていないかが心配だ。

僕達は昨日、C2から降りてきたが、まだ上のキャンプには残置物があり、それを今日もシェルパ達が荷下げに行っているはずだ。

この数時間後に、僕達のシェルパが巻き込まれなかったことは確認できたが、改めてエベレスト登山はいつ何があってもおかしくない場所なのだと思わされる出来事だった。

## 死亡率2%

43日目、今日は朝から下山のトレッキングで、順調に高度を下げ、8時間くらいで標高4200mのPheriche に着いた。

ここまで標高を下げれば、ほぼ安全は確保されたと言えるだろう。

この村はヘリの発着地としてもよく利用されるし、過去に日本人がこの村の中に診療所を設立したことでも有名だ。

エベレスト街道で行きに普通に歩いて通った道が、氷河の雪解け水で増水していて、小川になっている場所がいくつかあった。

今更ながら、日本で痛めた脚がどんどん痛み出した。こっちに来てからは気合いが入っていたからなのか、ほとんど痛みを忘れて登山ができたが、安堵しきった途端痛み出した。エベレストの危険な区域を脱出したことで、本当に安心したのだと思う。

今シーズンのエベレストは、僕が聞いただけでも、BCより上の登山許可を取得したのが346人で、そのうち亡くなったのは14日にアタックの際に亡くなった過去にAG隊に所属していたシェルパ、C3とC4の間で亡くなった登山者、C3で高度障害で亡くなったロシア人、C2でクレバスに落ちたシェルパ、ローツェ頂上で亡くなっていた登山者、あと、栗城さんを入れて少なくとも6人もいる。

ざっと登山者の2％近い。

もちろん、AG隊に入ってきた情報だけでこれだけいるのであって、他にも死者はいるかもしれないいし、死亡に至らない事故者を含めたらさらに増えるだろう。

趣味の一つにしては、高所登山はやはり危険だ。

それでも、一切の恐怖を感じなかったのは、結局、覚悟の問題だと思う。

僕は、登頂できないなら本当に死んでも良いと、それだけ好きなことを追求させてもらっていると思っていた。

どんな苦難があったとしても、それを上回る覚悟さえあれば、辛さや不安や恐怖などのネガティブな感情は感じなくなるのだ。

## ナイフで武装したシェルパが襲撃

これに対して、全く予想だにしない事件が起きた。

ロッジで夕飯を食べ終わり、みんなで1階にあるロビーでくつろいでいたところ、いきなり現地人が数人、ロッジの外から窓ガラスを割って侵入してきた。

彼らは手にナイフを持ち、また、人の手よりも大きいサイズの石を摑んで窓ガラスにぶつけて割ったりしていた。

AG隊のシェルパが現地語で彼らに話しかけ、落ち着かせようとしてくれていた。

しかし、彼らは、ロッジにいた他の現地人シェルパと揉み合いになり、殴り合い、地面に転倒した人の顔面を蹴り上げたりと、暴行を始めた。

僕達は避難のために急いで2階に上がり、各自の個室に入り、中から鍵を閉めて待機することにした。

僕は自分の部屋に籠りつつ、一体何が起きたのだろうとドキドキしていた。下からはドタバタと大人が複数人で暴れている音が響いている。彼らは、ナイフを持っていたし、山賊のようなものではないか。お金目当てであれば、真っ先に狙われるのはシェルパではなく経済力のあるクライアントの僕達外国人だ。

1時間ほどして、怒鳴り声も止んだが、1階に降りるのは危険だと思い、そのまま部屋に閉じ籠ったまま、寝てしまうことにした。

相手はナイフを持っていたが、ぱっと見で切れ味は悪そうで、そこまで殺傷能力は高くなさそうだった。最悪、命だけ守れたら良いから、鍵のかかったドアをぶち破ってまで侵入されそうになったら、荷物を置いて2階の窓から飛び出して外に逃げようと考え、靴は履いたままベッドに横になった。

するといつの間にか眠ってしまったが、その後は何事も起きなかった。

44日目の朝、目覚めて1階に降りてみると、窓があちこち割られていて、床には血痕もあった。

AG隊のシェルパに話を聞いてみると、現地人のシェルパ同士でギャンブルをしたが、負けた腹いせに攻撃をしに来たのだそうだ。

狙いは僕達とは別の隊のシェルパだったが、AG隊のシェルパが勇敢にも間に割って入ろうとしていたのだった。

ひとまず僕達に危害はなくて安心したが、絶対にこんな訳のわからない状況で殺傷されたくないと思った。怪我一つしたくない。

僕はつい数日前まで、エベレストの高所にいて、いつ死んでも構わないと本気で思っていたが、それは自分のやりたいことをとことん追求してやり切っている過程での事故は、受け入れる覚悟ができているからだ。

意味もなく無駄死にする覚悟なんてないし、無念しかないだろう。

このように、恐怖や無念の感情は、向き合う覚悟の範囲内に収まっているかどうかで主観的に大きく感じ方が異なるものだ。

## 下界へ

さて、今日は、本来はナムチェバザールまで降り、明日にルクラ、明後日にカトマンズという予定だったが、ルクラからカトマンズへのフライトが悪天候で全然飛んでおらず、フライト希望者が滞留しているようだ。

そのため、僕達は、今いるPhericheから標高2400mのSurkeyを経由して、標高2700mのPhapluという町までヘリで移動し、そこからはジープでカトマンズに戻ることにした。

しかし、いざSurkeyまでヘリで移動してみると、経由便が悪天候で飛べず、何もない集落のSurkeyで1泊することになった。

本当に周りには何もないが、酸素がある、土がある、湿気がある、虫がいる。生命を感じられる土地に久しぶりに降り立ったようで、懐かしく感じた。

45日目、朝から無事にヘリでPhapluに移動することができた。

途中、ジープを乗り換えることになったが、僕がジープの奥に座っていたことから出るのが遅くなったところ、近藤さんや僕以外のメンバーは、僕が乗り換える前に先に乗り換えたジープで行ってしまった。

おいおい、わずか5人のクライアントのチームで人数が足りないことに気が付かずに置いていくとは、なんていう雑なガイドなのか。

僕はバックパッカー慣れしているし、いざとなれば自力でカトマンズに帰ることもできるが、他のメンバーでカトマンズからかなり離れた田舎町で一人取り残されたらどうするんだ。

結局、僕はエベレスト街道の前半で利用していた現地SIMカードを試して、近藤さんに連絡をとって、30分後には合流できたが、近藤さんは登山ガイドとしては気さくで優秀だが、それ以外のケアは雑なところが非常に多い。

後から話を聞くと、地元のラジオ局から近藤さんにエベレスト登頂後の出演依頼があったらしく、それに参加していたようだ。

そう考えると、そもそもPhapluに移動してきたのも近藤さん都合で、クライアントにとって、ベストな移動だったのかよくわからないし、何より自分の別件のためにクライアントを置き去りにするのは無責任ではないか。

とはいえ、日本人の公募登山隊はAGしかなく、近藤さんが最高レベルの国際山岳ガイドであることに変わりはないが、ちょっとしたケア不足がいつか大きなトラブルにならないと良いが。

さておき、Phapluを出て、悪路を走り続け、11時間もかけてようやくカトマンズに戻ってくることができた。

これで本当にエベレスト登山の全てが終了した。あとは日本に帰国するだけだ。

## エベレスト登山の総括

45日間にも及ぶエベレスト登山の総括をしたい。

僕がエベレスト登山に興味を持ったきっかけは、お話ししてきたとおり、学生時代のバックパッカーでキリマンジャロに登頂して以来、何となく極地を目指してセブンサミッツを一つずつ登り出したら、その趣味が高じた結果だ。

山中に1か月半も滞在していたというと、とても長い時間だと思う人がいるかもしれないが、さらに長い人生の中においては、たった1か月半で生涯でも特筆すべき思い出や経験が得られるというのは時間軸で考えるとコスパは非常に良かったと思う。

比較する必要もないが、例えば、弁護士になって記憶に残るような案件に携わろうと思えば、司法試験に合格するまでを含めると何年もかかるが、世界最高峰を制覇するには訓練期間を含めて、せいぜい2、3年程度で足りるだろう。

そして、僕はエベレストに来る前、ある種の欠乏感を覚えていた。

２０１４年に弁護士として独立したが、東電の原発事故に関する風評被害で苦しむ被災者を多量に支援し、圧倒的なやり甲斐、自己実現、社会貢献を体の隅々まで感じ、さらに経済力も10億円を超える純資産を築き上げた。

ただ、その後、僕は燃え尽き症候群のような状態だった。

もちろん、数年やり切ったくらいで天下を獲った気になっているわけではないが、正直、独立後数年間で自分の職業人人生としては一定の高みに昇ったという感覚はあった。

毎月軽く４００時間以上働き、それでも疲労も苦痛もなく、毎時間毎時間、自分史上の伝説を作っているぐらいの自己陶酔に浸り、自尊心を満たしていた。

そのため、今後さらに自分を昂《たかぶ》らせるためには、今の延長線上で弁護士業務を続けていても、過去のワクワクを超えることはできないのではないかと悟った。

自分の能力や運だけでは到底達成できない成果を一気に先取りしてしまい、今後、過去以上の成果を上げられる再現性があるとは全く思えなかったからだ。

そして、なんとなく手軽に始められそうなこととして、不動産投資をしたり、レストランやモデル事務所を経営したりしてみたが、どれも熱中できず、胸の高鳴りのない日々が続いていた。

抽象的な欠乏感と共に、生への執着心が薄れているように感じた。

そこで、たまたま過去に興味をもった高所登山に向かうことで、生への執着を取り戻したいと思ったのだ。

結果、少しは生を脅かされるような過酷な経験はできた。

その証拠に、下山後には、体に様々な傷が残った。

一か月半もの間、歯を食いしばり続けたため、左上の奥歯の手前の歯が折れた。根本付近に真横に亀裂が入り、帰国後に抜歯することになった。

凍傷の酷かった左目横のコメカミ付近には登頂から何年も経過した今でも黒い跡が残っている。

何度も冷やされた指は痺れて帰国後数か月は曲げると痛んだ。

日本で傷めていた脚も登山が終わった途端に気が抜けたのか鋭く痛み出した。

## 一歩を積み上げることの重要性

しかし、何度も言うが、登山中は死んでも良いという覚悟が強過ぎたために、何もかもが想定の範囲内で大した挑戦には感じず、恐怖や不安や苦痛は全くなかった。

エベレスト登頂に関して、辛い状況をどうやって乗り越えたのかという質問を受けることがあるが、どれだけ客観的に厳しい状況があったとしても、それが覚悟の想定の範囲内に収まっている限りは、さほど辛いとも大変なことだとも感じなくなる。

本当に、指を失ったとしても、エベレストで指を失ったという経験が増えるからプラスだとさえ思っていた。

結局、動物的な生命の危機に近づくことが、人間としての生への執着を高めるわけでもなかった。

この年、僕と同じタイミングでエベレストに挑戦した人が何人も亡くなった。しかし、エベレストで命を絶った彼らもきっと、死の覚悟を持っていたのだろうと思う。

また僕は、確かに登山後に物理的な傷は負ったが、かといって感動や驚きや達成感がそこまであったかというとそうでもなかった。

登山は一歩一歩の連続であって、いつも一歩先だけなら想定の範囲内の挑戦に過ぎない。

標高0mから見ればエベレスト頂上の標高8848mは途方もなく高い先のように感じるが、8848mの前には8847mがあり、そういった一歩一歩を何度も繰り返していればいつかは辿り着くのが挑戦だ。

当たり前の一歩を積み上げただけの成果だ。

やはり大切なのは飛び抜けた身体能力や才能ではなく、誰でもできる一歩を積み重ねる絶え間ないメンタルなのだろうと思う。

逆説的だが、客観的に過酷な挑戦であればあるほど、主観的にはそれを上回る覚悟が必要になるため、余計に楽に感じてしまうのかもしれない。

そのことを身をもって体験できたことが、今後の人生において大きな糧になるのかもしれない。人生を変えるような気づきや、劇的な感動や発見があったわけではないが、死に直面するリスクすら支配できるメンタルを手に入れたことで、今後の人生でのあらゆる挑戦には、刺し違える覚悟で取り組めるようになっていくのかもしれない。

他人の挑戦を応援する際に、死ぬわけじゃないから頑張れという言葉があるが、僕は死ぬかもしれないけど頑張らないといけない挑戦をクリアすることができたのだ。

そのことに、僕は派手さのないワクワク感を覚えていた。きっとさらに人生の行動範囲を広げていけるだろう。

また、世界最高峰の頂の景色は言葉にできない美しさ、荘厳さで本当に圧倒された。ヒマラヤを一望できる光景を忘れることはないのも嘘偽りのない事実だ。日本人として約１８０人目のエベレスト登頂者となれたことは誇りに思っていきたい。

第**6**章

# セブンサミッツ制覇と２度目のエベレスト登頂

## オセアニア最高峰カルステンツピラミッドに挑戦

２０１８年10月、エベレスト登頂後も、それ以前から抱えていた僕の欠乏感は弱まったとはいえ残ったままだった。やりかかったセブンサミッツのスタンプラリーは終えておこうと思った。

第１章で述べたがセブンサミッツの定義にはいくつかの見解があり、オーストラリア大陸だと簡単すぎるので、オセアニア最高峰でインドネシアにある標高４８８４ｍのカルステンツピラミッドとする見解も有力だ。別名をプンチャックジャヤと言う。

僕はこの山にも登るために、現地の登山会社に申し込み、インドネシアのバリ島にあるデンパサールに飛んだ。参加費用は１００万円くらいだった気がする。

初日の夜は市内を自由に散策するだけで、２日目の夜に参加メンバーとの顔見せとなったが、なんとビンソンとアコンカグアで一緒だったベトナム人のカイがいた。カルステンツピラミッドはセブンサミッツに含まれることもあって、そこそこ有名で人気の山だが、一年中登ることができるにもかかわらず、たまたまこの時期に参加して再会するとは——なんて偶然なのだろうか。奇妙なことは重なって、日本人は僕だけで、計８人の参加者のうち３人が同じ弁護士だった。

深夜のフライトでニューギニア島にあるTimikaに向かった。5時間かかり、早朝に到着した。3日目の朝、Timikaに着いてからは、入山の手続きを済ませて、装備品のチェックをする。これまでの高所登山とは全く異なり、カルステンツピラミッドは岩の山で、雪は一切なく、ロッククライミングで登ることになる。インドネシアなので気候は蒸し暑い。

翌朝から、ガイド3人、クライアント8人を3チームに分けてヘリでピストンして山中のBCに移動することになる。チームへの申し込み順にチームが分けられたが、僕とカイは同じ最後のチームだった。

4日目の朝、最初のチームがヘリで移動したところで天候が悪くなり、後ろの2チームはヘリポートのある田舎町で滞在することになった。5日目の朝、5時から2チーム目が移動したが、再び天候が悪くなり、残された僕達のチームは飛べず。

ヘリで岩山を縫うように飛んで山中のBCに入っていくため、天候が重要であるにもかかわらず、地形的にガスが噴出しやすいので欠便がどうしても多くなる。ちなみに、ヘリを使わずにジャングルを歩いていくという方法もあるが、1週間以上かかるため今回はパスした。

6日目の朝、三度天候が悪くて欠航。

いい加減、ロッジに籠っているのに飽きてきたが、ガイドからは田舎なので外出は危ないから控えてくれと言われている。

7日目の朝、空一面晴れていて、天候はバッチリ。

ようやく飛べると思ったが、今度はヘリの機材トラブルが発生。

これまで散々時間があったのだから、ちゃんと整備しておけよと思ったが、2時間ほど粘っているうちに天候が悪くなり、またも欠便。

ガイドに聞くと、過去には最長11日間も連続で欠便になったことがあるらしい。僕達は、これで4日目なのでまだマシなのかもしれない。

## 登山で「マウント」を取る参加者

8日目の朝、いつも通り5時に起きて準備をしたが、今日は飛べるとしたら8時以降だと言われ、二度寝することにした。

9時頃になって、1チームだけ飛べると言われ、ようやく僕達のチームもBCに移動することができた。

BCは標高4300mにあるため、いきなりの高度でややふらつきそうになったが、これまでの経験ですっかり高所に慣れたのか、すぐに何の違和感もなくなった。

しかし、油断をする必要はないので、これまでの高所登山と同じようにきちんと水分摂取などは継続して行うようにした。

BCでは、先の2チームはすでに登頂してBCに戻ってきていたため、感想を聞いたところ、一人のメンバーが自分はチベット側からエベレストに登ったことがあるが、エベレストくらいハードだったと言っている。

アタックはBCから日帰りで行けるぐらいなので、過酷なはずがなく、登山だけにマウントなのだろうと思ったが、僕はエベレストに登っているとは明かさずに受け流した。チベット側から登ったとわざわざ言っているのも、エベレストはチベット側から登る方が若干難しいという見解があるからかもしれない。

午後3時頃から翌日のアタックに向けて、ロッククライミングの練習をしたが、カイは相変わらず高度順応ができておらず、またアイテムの使い方が下手で登るのが遅かった。身体能力や運動神経があまり良くないのがカイらしいが応援したくなるキャラクターだ。

練習登山では、僕だけさっと目的地まで登って降りてきたが、残りの2人は僕よりも1時間くらい遅れてBCに戻ってきていた。

ただ、今回はクライアント3人で1人のガイドをシェアするから、本番は一番遅い人のペースに合わせて登ることになるが仕方ない。登山はレースではないので、各自のペースで登ることがとても大切だ。速いことが良いことではない。

今夜は夕飯を食べ終わったら、夜8時半には眠りについた。

しかし、深夜にテント内の飲み物が溢れて濡れていることに気がついて目が覚めた。トイレットペーパー1個分で水分を吸い取ったものの、まだ足りないが、諦めてそのまま寝ることにした。

しかし、一度目覚めてしまったせいか寝付けなくなってしまった。心なしか、足がむくんでいるような気がする。日中のロッククライミングがこれまでの登山とは足の使い方が違って、意外に疲れたのかもしれない。ストレッチやマッサージをしていたが、足の違和感は取れずに朝方になってしまった。

## 岩壁を越えてサミットに

9日目の朝、結局、深夜に目覚めてから眠れなかったが、4時半には起きて準備をしてアタックに出た。

最初の2時間くらい順調に登っていたが、途中から足が痛くなってきた。なぜかわからないまま、1日だけなので我慢して登り続けた。

その後、90度以上に反り返った壁をロープでよじ登ったり、岩山から岩山へロープの上をサーカスのように歩いて通ったりと、アスレチックのようなスリリングな箇所があり、楽しみながら6時間ほど岩山の凹凸を登り続けて、無事に頂上に着いた。

足の調子はずっと良くなかったが、高度が低いこともあり、さほど困難さはなかった。とはいえ、頂上は5000m近いわけで、いつの間にか僕も高所登山に関して偉そうなことを言う

カルステンツピラミッド山頂に立つ

ようになってしまった。油断は禁物だ。

カイも登頂できたが、感極まって号泣していた。彼がビンソンで下山を勧められた時を思い出す。

そのまま頂上で1時間くらい談笑して過ごした後、3時間半くらいかけて下山した。常に一番遅い人のペースに合わせるため、思ったより時間がかかってしまい、最後はスコールにも遭ってしまい、視界も悪い中、岩肌で滑って転んでしまったこともあったが、終始楽しい登山だった。

10日目の朝には一発でヘリが飛んでTimikaに戻り、その後もバリ経由で帰国することができた。

結局、僕が参加したツアーでは8日分の予備日が設けられていたうち、4

日分を消費するだけで済んで良かった。

次に目指したのは台湾である。

過去、日本で一番高かった山はどこかという質問があるとすれば、答えは富士山ではなく、台湾の玉山だ。戦争中に日本が台湾を統治していた時、標高3952mの玉山が日本一だったからである。

玉山は別名を新高山と言い、第二次世界大戦で真珠湾攻撃を含む日米開戦の合図に使われた「ニイタカヤマノボレ1208」という一文もここからきている。

この山の一番の難所は、登山許可を取得することだ。

1日の登山許可数を絞っており、僕は確か外国人枠で何とか枠を確保した。

弾丸登山も可能で、僕は日本を金曜夜に出て、台北に着き、翌日に嘉義へ新幹線で移動し、さらに阿里山へバスで移動。早速トレッキング開始で標高2200mにあるロッジで1泊。翌早朝から一気にアタックして登頂したら下山。そのまま同じルートで、月曜の昼には帰国した。

## 二度目の南極大陸上陸で未踏峰登頂

2018年末から二度目の南極に行ってきた。

南極には人類がまだ誰も登っていない未踏峰がいくつもあり、その一つの登頂に挑戦した。

費用はラストディグリーと併せて1000万円くらいしたかもしれない。年々値上げされている。

ちなみに未踏峰の初登頂によりその山に名前が付けられるといった話があるが、南極にある未踏峰は一見誰も登ったことがないと認識されている山でも、辺鄙な場所にあるだけで物理的には比較的容易に登頂できる以上、過去に誰かが調査目的等でたまたま登っている可能性がないとは言い切れない。

そのため未踏峰を証明することが難しく、公式に初登頂という扱いはされにくいのだが、登山界のジャーナル等で未踏峰の初登頂ということで扱われることはある。

僕は今回も宮崎よしこさんにガイドをお願いしたが、そもそも前回ビンソンを一緒に登った際に、よしこさんから南極の未踏峰登山が人気でお勧めだよと誘われていたのだった。

UGからスノーモービルで30分程度で行ける未踏峰に向かい、どの山の山頂をどういったルート工作で登るかを議論しつつ、2泊3日で登ってきた。

今まで登った山と違って、ゴールのルートが定まっておらず、試しに登ってみたものの引き返すこともあり、ルート探索が面白かったが、登山そのものはどうってことなかった。

結局、僕はちょうど元旦に人類未踏峰を登頂し、非公式ながら、Mt．FUKUNAGAという名称を付けてもらった。

UG周辺の比較的登りやすい未踏峰はほとんどなくなってきているので、興味がある人はお早めに。

## 南極点ラストディグリー

また、南極点ラストディグリーにも挑戦した。

Last Degreeという言葉通り、「南極点」つまり南緯90度の1度手前の南緯89度からラスト1度（約111km）をスキー歩行で南極点に到達するというものだ。冒険家グランドスラムのスタンプラリーの一つだ。3年前に真鈴が挑戦していたので、僕も改めてやってみることにした。

9人のチームで、UGからフライトで南緯89度まで飛んで降ろしてもらい、そこからひたすらスキー歩行で南極点を目指して歩き続けた。

360度見渡す限り地平線の白銀の世界で、目印が何もない。

ただ、南半球だと太陽が北側に昇るので、南極点の方向を向くと、太陽は背中側に来る。つまり、自分の影が伸びている方向が南極点を指していることになるため、常に自分の影の方向に歩き続ければ、いつかは南極点に到着する。

歩く距離で言えば111kmなので大したことはないが、気温が常にマイナス25〜40℃、さらに風が吹くとマイナス50℃にもなる環境で、標高が3000m前後、緯度が高いので空気量が富士山の頂上くらい、荷物は30kg以上、という条件で一週間以上歩き続けると、環境適応力のない人は次第に疲弊していき、9人のうち3人がゴールできずリタイヤした。リタイヤといっても、南極点からスノーモービルでレスキューに来てもらうので、救出されるまでに相当時間はかかるが。

僕は、途中、凍傷で頬と耳に傷を負ったが、難なく南極点に到達した。

地平線には何もないので、初めて南極点にあるアムンゼンスコット基地が見えてから、実際に到着するまでに2日くらいかかったのが、地球の広さを感じさせられた。

## 北極点ラストディグリー

2019年4月、南極点ラストディグリーに続き、北極点ラストディグリーにも参加した。南極点ラストディグリーのツアーでガイドをしてくれた女性が、北極点ラストディグリーでもガイドをしているということで、主催会社を紹介してくれたのだ。

僕は、フライトを乗り継いで、北緯78度にある世界最北端のLongyearbyenというデンマークの離島にきた。

この町は人口2000人なのに、周囲には3000頭ものホッキョクグマがいるため、町を外れて移動する際には威嚇用のライフルの携帯が義務付けられている。

町には宿泊施設が少なく、ハイシーズンだと安い宿でも400ユーロくらいしてしまう割高な町だ。

町に着いて、ガイドや他の参加者と顔見せをし、荷物チェックをして、数日後から北緯89度にあるロシアの管轄地までフライトし、そこからスキー歩行のスタートが予定されていた。

それまでは狭い町の中を散策し、トナカイのステーキを食べたり、犬ぞりで遊んだりしていた。

そして、いよいよフライト当日になったが、なかなかフライトが出ない。

ガイドの説明によると、今回チームのフライトはウクライナ人パイロットが担当する予定だったが、着陸地を管轄するロシアがウクライナ人パイロットのフライトには飛行許可を出さないと言い出したそうだ。

ガイドがロシア当局と交渉しつつ、1週間ほど様子を見たが、結局、許可が下りなかった。

急遽、アメリカからパイロットを派遣してもらうことになり、さらに1週間ほど待機していたが、アメリカ人パイロットが町に到着した頃にはシーズンが終わりかけて気候が変わってしまい、ガスが多くて、飛行ができないと言われてしまった。

結局、こんな世界の果てまでやってきたが、2種間、雪と氷の町に閉じ込められただけで、何もできずに中止となってしまった。

# 北米最高峰デナリに再挑戦

2019年5月末から2回目のデナリ挑戦のためアラスカに向かった。

登頂率は30％以下と言われており、僕も2016年に挑戦していたが、その際は終始悪天候で最終キャンプ地にすら行けずに撤退となっていた。

今回もmountain tripにお願いしたが、よしこさんがガイドをしているチームを指定して参加することにした。

アンカレッジからタルキートナを経由してBCに入り、C3から、C3とC4の間に荷物を埋めに行ったところまでは前回と同じだったが、ここまで一度も停滞日がなく8日間で進んでおり、順調だった。

エベレスト登頂を経験している僕は、前回以上に楽勝で、何も苦労することなく行程をこなすことができた。

登山はやや久しぶりだったが、行程が進むにつれて体が絞られていき、強く登れるようになっていった。

しかし、その後C3で、休養と天候不良で5日連続で停滞日となり、また前回のように天候のせいで撤退になってしまう不安がよぎったが、15日目に天候が回復し、7時間かけてC4に移動できた。

埋めてきた荷物は途中で回収していったが、その時、前回埋めて置きっぱなしにしていた僕の下着がまだ残されていたので3年越しに回収した。

C４は標高５２００mにあり、C３までに比べると狭くて風当たりが強そうな場所にあったが、この日は天気が良かったので何ら苦にならなかった。

そして、16日目にアタックをし、上り9時間半で標高６１９０mの頂上に到達し、４時間半かけてC４に戻った。

アタックのルートは最初にデナリパスと呼ばれる比較的急勾配の斜面のトラバースがあるが、その後はフットボールフィールドとも呼ばれる広大な雪原を通ったりと、比較的なだらかな上りが多く、多少時間がかかるものの大変さは全くなかった。

頂上に向かう最後の稜線は崖側の景色が綺麗なので見惚れて歩いていると、崖の方に落ちてしまいそうになったが、難なく登頂することができた。

山頂では、同じ隊のアメリカ人ガイドが、「Congratulation Seven Summits!!」と盛大に祝ってくれた。

アタック翌日は17時間もかけてゆっくりとBCまで下山した。

ここまでやや本格的な登山を始めて三年半。ついに世界七大陸最高峰を制覇することができた。

一応日本人では数十人しか達成していないスタンプラリーであり、達成感はあったが、これで当分、海外登山は終わりで良いかなと思った。

元々、登山が凄く好きで挑戦したというよりは、日々の生活に刺激を加えて、人生の中にあるたくさんの経験や思い出の一つになれば良いなと考えて始めたのが動機で、一旦やり切ったと感じることができたからだ。

## 4年半ぶりの登山でマナスルに挑戦

セブンサミッツを制覇してから、しばらく登山から遠ざかっていた。

この間、コロナで海外に行きづらいこともあったので日本の国内旅行や、コロナが落ち着いてからも海外旅行に行くぐらいだった。むしろ、登山で培ったメンタルを活かして、弁護士業を若干再開させていた。

はっきりと登山を止めたつもりはなかったが、元々凄く好きだったわけではない。セブンサミッツを通じて一定の達成感はあったものの、これを深めていきたいと思うほどの再現性のあるポジティブな感情を持てるわけではなかった。

エベレストは高度が世界一だが比較的簡単な山と認識していたし、さらに遥かに難しいＫ２などは僕には手が届かないと思い込んでいた。ところが、２０２３年に、後に８０００ｍ峰の

14座を制覇することになる渡邊直子さんが13座を登頂して残り1座となったというニュースを見る。「日本人女性でここまでやる人がいるんだ……」と興味を持った。

渡邊さんにSNSを通じて直接DMを送ってコンタクトを取ってみたところ、快く相談に乗ってくれた。リモートで面談をさせていただいたが、ここ数年でも登山技術は向上していて、普通の人が8000m峰14座に登頂できると励まされた。

確かに、セブンサミッツがそこそこ楽しかったのも事実だ。ふと「再度、今後の人生で少しずつ8000m峰でも登ってみようか」という考えがよぎった。そこで、エベレストをガイドしてくれた近藤さんに久しぶりに連絡をしてみた。

この時、2023年8月末で、僕はパリでレストラン巡りをしていたのだが、近藤さんが率いるAG隊はちょうど5日後から世界8位の標高8163mのマナスル遠征が始まるとのことだった。渡邊直子さんの話を聞いて、8000m峰14座に軽く興味を持っていたので、冗談半分で今からAG隊に参加できないかを聞いてみた。5日後なら、1日で日本に帰国し、3日で装備品を整え、1日でカトマンズに入れば十分間に合うからだ。

近藤さんは僕の性格を知っているから、笑いながら、めちゃくちゃ急だけど、本当に来るなら何とか受け入れ体制を整えると言ってくれた。僕は即答でお願いしますと伝えて、すぐに帰国便を手配して日本に帰った。

こんなに急に8000m峰の登山に参加するなんて無謀だと思う人がいるかもしれない。

しかし、登山といってもマナスルだと30日程度の期間を要し、アタックまでに体調を整えて体を絞っていけば良いだけだ。

急だというのは心の準備ができていないとかメンタルだけの問題で、物理的には何ら問題はない。こうして僕は、日本に帰国して、4年半前に使ったきりの登山道具を引っ張り出して準備を整えてカトマンズに向かった。

## メンバーの競争心を刺激してしまう

9月5日に2018年のエベレスト遠征以来、5年ぶりとなるカトマンズに入り、AG隊のメンバーと合流した。

マナスルは8000m峰の中では最も登りやすい山の一つで、世界初登頂が日本隊によって成し遂げられたこともあって、日本人登山者に人気で、参加者も多い。

ガイドは近藤さんと佐藤優さんで、近藤さんはBCまでのトレッキングを担当し、サミットは優さんが担当してくれるようだ。

クライアントは、僕のほかに、登録者数30万人を誇る登山YouTouberのかほさん、大阪で家財整理お片付け事業を経営しているあき社長、愛知でアパレルを経営しているバラさん、ロシア人で日本人妻を愛するイワン、医師で一番若手の今井さん、気象予報士で山岳部出身の猪熊さん、大阪のＯＬたまちゃんがサミットを目指すチームだ。

ほかに、ＢＣまでのトレッキングチームとして、大阪在住のむちち、みやさん、えりこさん、御子柴さんが参加されている。御子柴さんは、２０１８年のエベレスト隊で、ＢＣまで参加されていた方で、５年ぶりの再会となった。

夜には顔見せを兼ねて市内で懇親会をしたが、僕以外のメンバーは僕よりも数日早くカトマンズに入っていて顔見せが済んでいるため、僕はたまたま隣に座ったむちちに、各メンバーを紹介してもらった。

そのまま、むちちといろんな話をしていたが、今回の隊の中では唯一僕がエベレストに登頂し、セブンサミッツも制覇しているということで、高所登山の心得などを質問してくれた。

僕はメンタル、忍耐力が何よりも大切だと思っているので、難しい山だと思わずに、自分が一つ一つ努力を重ねれば必ず登れる山だということを伝えたくて、マナスルなんて絶対に登れるから、困難にぶつかった時も、客観的な条件のせいにせずに、全て自分で超えられるハードルだと思ってクリアしていけば良いという話をした。

しかし、それがマナスルなんて楽勝に登れる山だという誤った伝わり方がしてしまい、たまたま近くにいた、あきさん、バラさんやかほさんから顰蹙を買ってしまった。

翌６日にはカトマンズを出て、数日かけて悪路を乗り継ぎ、アルケットという村で1泊した。アルケットは狭い町だが、小さな商店やホテルが一応は揃っており、近藤さんとバラさんは夜な夜なお酒を飲みまくっていた。

## トレッキング中にアクシデント

翌日、アルケットの近くのヘリポートから、マナスルの登山口である標高3500mのサマ村にヘリで移動した。

サマ村は美味しいジャガイモが収穫できることで有名で、カトマンズに住むシェルパ達もサマ村産のジャガイモをお土産に買って帰るくらいだ。僕も早速味見をしてみたが、確かに甘くて美味しい。

今日は町を軽く散歩しつつ、高度順応のために数日、サマ村のロッジで宿泊することになった。

山中に入って2日目、近くの山にトレッキングに行った。

往復5時間くらいの行程だったが、僕は久しぶりの登山で体を絞りたいため、バックパックに余計な荷物を詰めて、重量を重くして歩くことにした。

トレッキングが終わって戻ってくる際、サマ村にある小学校に寄った。ここは野口さんが寄付により建てた学校のようで、僕達のことも歓迎して受け入れてくれた。AG隊からも参加者それぞれが若干の寄付をさせてもらった。

3日目は、再びトレッキングで、標高4500mくらいまで高度を上げて戻ってきた。

僕はトレッキングが終わってサマ村に戻り、サマ村の中を歩いている際に、拳の大きさの石を踏んでしまい、足を捻挫してしまった。

そのままロッジには戻ったが、足が熱を持って腫れ出し、その日の夜は眠れない程の激痛が走った。

4日目からはAG隊はBCに移動する予定だったが、僕はサマ村に残って休養して様子を見ることになった。ヘリが飛べば、一度カトマンズに戻って病院に行き、レントゲン写真を撮って、入院して安静にし、少しでも空気の濃い場所で回復させた方が良いと考えたが、ヘリが飛ばなかった。

僕以外に、かほさんも膝の調子が悪く、また、えりさんも高度順応がうまくいっていないとのことでサマ村に残り、他のメンバーはトレッキングでBCに向かった。

僕はみんなの前でマナスルは楽勝だと大口を叩いていたのに、登山開始早々、捻挫をして歩くことすらままならない状態になってしまったのだ。

しかし、最初から考えていたように、アタックまで30日近い日数があり、それまでに体調を回復させれば何の問題もなく、僕には「登頂ができないかもしれない」という不安は1ミリもなかった。

## 10年前の装備は骨董品扱い

５日目、再び天候が悪くてヘリが飛ばず、カトマンズに移動はできなかった。かほさんは少し膝の調子が回復したようで、ガイドとマンツーでＢＣまでトレッキングで移動した。えりさんは引き続き僕と一緒にサマ村に残った。

サマ村は食事が美味しくて、いつまででも過ごせそうな快適な環境だった。

６日目、天気が良くなりヘリが飛べることとなったが、僕の足の様子も多少はよくなり、さすがに骨折まではしていなさそうだということで、ヘリで標高４８００ｍのＢＣに移動した。その際、えりさんも一緒にヘリでＢＣに移動した。

ＢＣに着くと、ＢＣまでのトレッキングチームが帰国に向かう日だったので、近藤さんやトレッキングチームのメンバーは、僕達が乗ってきたヘリでそのままサマ村に戻っていった。

えりさんは、ＢＣに着いてすぐにサマ村に引き返すことになるが、高度順応できずに体調が悪かったえりさんに対して、ＡＧのはからいでせめて少しでもＢＣの景色を見せてあげようと特別にヘリで往復して短時間のみＢＣに滞在できるようにしてくれたのだ。

僕は、ＢＣにあるＡＧのキャンプ地に着くなり、先にＢＣに上がってきていたメンバーから笑って歓迎された。

ただ、僕の荷物がヘリで一緒に上がってきているはずが見当たらなかった。シェルパに確認すると、僕のバックパックは購入して10年も経っており、すっかり色褪せており、また古いタイプで重いものだったので、パイロットがまさかクライアントのバックパックとは思わずにシェルパの荷物を間違って載せるなとサマ村のヘリポートに置いてきたのだそうだ。結局、荷物が届くのは翌日になったが、今でもシェルパ達から僕のバックパックは汚いとネタにされている。それだけ一つ一つの道具が進化したということだ。

ＢＣに着いてバイタルチェックをしたが、標高４８００ｍに着いたばかりなのにSpO2は94もあって、高度順応は万全だ。

ＢＣは周囲が小高い崖に囲まれているので、定期的に雪崩が起きている。昨年は大きな雪崩が起きて、ＢＣ全体が雪を被ってしまって大変だったらしい。

この日は僕が到着後にプジャも行われた。儀式の際、シェルパが現地語で歌を歌い出した。絶対に知らない歌のはずなのに、どこかで聴いたことのあるような音楽だった。記憶を辿って思い返すと、20年以上前の大学卒業旅行時にダンプスにトレッキングに行った際にガイドに教えてもらった国民的ラブソングの「レッサムフィリリ」だった。僕達は一緒になって歌い、また、お互いの顔に白い粉を塗り合って登山の安全を祈願した。

７日目は、Ｃ１手前まで高度順応で往復することになった。

僕は元の予定ではこの行程はスキップして、他のメンバーの停滞日の時に同じ行程を辿るつもりだったが、いざ朝起きてみると足がそこまで痛くないのと、捻挫なので足を左右に捻ると痛いが、高所履を履いて足首が固定されると捻ることもないので、割と痛みもなく歩けそうだと思い、みんなと同じく出発することにした。

途中までは岩盤を歩くトレッキングで、途中からアイゼンを装着して氷河帯を登っていき、標高5350mくらいまでタッチしてBCに戻ってきた。7時間くらいの行程だった。

## シェルパの陣容

8日目は休養日で、ビーコンや酸素マスクの使い方のレクチャーを受け、その後シェルパの紹介をしてもらった。

今回、AGが委託しているシェルパ会社はグレイシャーヒマラヤという現地のシェルパ会社で、ダデンディという体が大きくて日本語が堪能なシェルパが社長を務めている。彼は、僕が2018年にエベレストに登った際にAGが委託していたコスモトレックのプラチリの下で働いていたシェルパだが、ダデンディがコスモトレックのお客さんと直に繋がって奪ってしまったことからクビになって独立したらしい。

シェルパは他にも、チェパという奥さんがネパール餃子のモモ屋を経営しているシェルパもいる。チェパもプラチリの下で働いていたシェルパで、僕のエベレスト登山の時もAG隊をサポートしてくれていた。昔はキッチンスタッフとして働いていたが、体が強いことから途中からシェルパになったようだ。プラチリが病んでしまってシェルパ会社を閉めることになったが、チェパは真面目なのですぐにダデンディの会社には移籍せず、コスモトレックが正式に閉鎖したタイミングでグレイシャーヒマラヤに移籍したようだ。

あとは、同じく2018年のエベレストAG隊にいたダワもいて、彼こそが僕達が登頂後にC2まで下山した際に、すぐさまC4に荷物を取りに戻った最強シェルパのうちの1人だ。

他にも、ダデンディの甥に当たるダラクパ、チェパの弟のソナ、ダンス好きのチュンビ、ギャルゼン、テンジンなど、シェルパ全員を紹介してくれた。

コスモトレックではこういった紹介がなく、アタックの時も初めて話すシェルパと名前も知らないままアタックをしたが、命を預ける相手なわけだから、BCにいる頃から多少はキャラクターを知って仲良くなっておくことは安全で確実な登山には必要だろうと思う。

9日目は、朝のSpO2は93でバッチリ。

今日はBCから標高5700mのC1まで移動して、C1に宿泊する予定だ。

道中、メンバーによって歩くスピードに差が出て、僕を含めて速い4人と遅い4人ではっきり分かれてしまったが、全員が無事にC1に到着した。僕は捻挫した足がやはり痛かったが、今の状態なら全然我慢できる程度なので安心した。

## 人間模様が複雑な隊

Ｃ１からはテントを２人一組で利用するが、僕は猪熊さんから一緒に使いますかと声をかけられたが、猪熊さんは山岳部出身で何かと玄人気取って他人にアドバイスしたがって煩わしい。だから適当な理由をつけて拒否した。結局、あき社長と一緒にテントを利用することにした。

あき社長は気さくで面白い大阪人だが、登山はそこまで強くはなくて、いつもスローペースだし、キャンプに着くとすぐに横になって寝てしまう。そのため、僕はいつも深い呼吸をしてくださいとか、水を飲んでください、しばらく寝ないでくださいと言い続けていた。

Ｃ１は共有のキッチンテント内でガスが漏れているのかガス臭く、またシェルパに用意してもらった水もガスの臭いがしてとても飲めなかった。高度順応のために頑張って口をつけてみるが、すぐに気持ち悪くなってしまった。

10日目は、朝のSpO2は80と、悪くはないが良くもなかった。昨晩はガスの臭いのせいであまり水が飲めなかったので、何が何でもガス臭い問題を改善してもらう必要があると思った。

今日はＣ１とＣ２の間の標高５９００ｍくらいの地点まで１時間程度で登って、その後、Ｃ１、ＢＣと戻ってきた。

Ｃ１とＣ２の間には雪の塊が搭状になっているセラックが多数あり、たまたま近くを通りかかっている時に倒れてきたらひとたまりもない危険なゾーンだ。マナスルは登山自体の難易度は低いが、セラック倒壊や雪崩による突発的なリスクがとても高い山なので、今日はセラックの多い地帯の手前までしか行かなかった。

ＢＣに戻ると、かほさんの誕生日だったようで、シェルパが盛大な誕生日祝いをしてくれた。かほさんは登山技術や体力は低いが、愛嬌があることと、YouTuberとして知名度があるため、ＡＧもシェルパ達も特別扱いをしていた。彼女を登頂させれば自社にとってＰＲになるし、逆に不満を抱かせてネガティブキャンペーンをされると困るからだ。

他の参加者も薄々それを感じ取り、かほさんが気持ちよく登れるように気を遣っているように見えた。今日もＣ２方向からＣ１に戻った際に、他の参加者全員がＢＣに向けて出発する準備が整っているのに、かほさんが一人だけ遅れてトイレに行った挙句、トイレにサングラスを落としてしまったと女の子のように叫び回って全員の足を止め、さらにチェパにサングラスを拾いに行かせて綺麗にしてもらったりと、至れり尽くせりで面倒を見てもらっていた。

彼女は誕生日会もお酒を飲み過ぎて、テント内で吐きまくり、ヘルメットの中にまで吐いたりと、とてもアスリートとは思えないような失態を犯していたが、チェパ達はかほさんの吐瀉物まで真面目に掃除させられていた。

11日目と12日目は休養日となった。

野口健さんの隊のテント場がＡＧ隊から比較的近くなので何人かで挨拶に行ってきた。

野口さんは1999年、当時25歳にして世界最年少で七大陸最高峰に登頂した登山家だ。アルピニストつまりアルプス登山家を自称しているが、アルプスはモンブランを主要峰とするフランス、イタリア、スイス等にまたがる山脈なのであって、野口さんはアルプスではなくヒマラヤで活動しているので、おそらく響きの良さから適当に名乗っているのだろうと思う。ただ登山を継続するためにはスポンサーもある程度必要で、そのためにはPR力が必須となるため、実態に関係なく呼び名をよくすることは基本中の基本なのだろうと思う。栗城さんが無酸素単独セブンサミッツを掲げていたのに近いかもしれない。

ただ、栗城さんとの違いは、野口さんは命の危険を冒すようなことはしていないという点だ。いくらPRのためとはいっても、死んでしまっては誰も幸せにならない。

野口さんは今ではアスリートというよりは山の啓蒙活動家という認識で、マナスルでも登頂したわけでもないのにお酒を飲み、シェルパいわくヘビースモーカーでタバコも吸いまくっているようだ。確かにテントから野口さんらしき手が出て野口さんのテント内で誰かがタバコを吸っているのは何度か見かけた。

さておき、気さくで話も面白くて、みんなから愛されキャラであることは間違いないし、困難な清掃登山をし続けている功績も本当に凄いとしか言えない。ただそのことと登山家としての実力は別物というだけの話だ。

## 「元山岳部」がコーチ屋に

さて、13日目からは再び高度を上げて行くことになった。

この日は、6時間かけてC1まで移動した。途中、アイゼンを装着するポイントで、今井さんが猪熊さんのバックパックに足が当たったとかで、猪熊さんからクドクドと怒られていた。高所登山に来ていれば、バックパックなんてどうせ汚れるのは仕方ないのでそんな言い方をしなければ良いのにと横目で苦笑いしていたが、猪熊さんはいつも山岳部だったらと昔話をするのが好きだった。

C1に到着したが、前回、キッチンテントがガス臭かった問題は解決して、無事に臭いのしない水を調達することができた。

あきさんがヘロヘロになって後から追いついてきたので、僕とシェルパであきさんのハーネスやアイゼンを外してあげたら、どこかの風俗の3Pコースみたいだと訳のわからない冗談を言われた。

14日目の朝、SpO2は81で、そこまで改善していなかったが、体調はとても良かった。

C2に向かって登っていくが、途中、何塔もの巨大なセラックをかき分けるように進み、助走してジャンプしないと飛び越えられないクレバスをいくつも通過した。氷雪が崩れないかはロシアンルーレットだ。

C2直前では垂直の壁があり、ここはエベレストと同じように、上からシェルパがロープを垂らして、登山者の荷物と体を別々に縛って繋いで力づくで引き上げてくれた。

C2は標高6400mくらいだが、雲海がとても綺麗だ。ここでは3人一組のテントで、あき社長とバラさんと一緒になったが、2人ともSpO2が全く上がらず、60以下を記録することもあった。

そんな中、バラさんがみんなのために持ってきたと言って、水がなくても髪が洗えるシャンプーというのを僕達に振りかけてくれたが、実際は水で洗い流す必要がある製品だったため、とんでもない目に遭った。一生懸命ウェットティッシュで拭き取った。

15日の朝、SpO2は82でこの高度にしては、そこそこの値をキープできている。

元々は、C2で2泊の予定が、今夜から天気が悪くなりそうなので、C3の手前までタッチして、そのままBCまで戻ることになった。

AG隊のBCでの共有テントは、AG以外にもダデンディの会社に委託しているヨーロッパの会社のクライアントと一緒に利用しているのだが、その人達はこのまま高度を上げ続けてアタックまでするようだった。

ただ、そのうちの1人の女性のダニエラは、なんと妊娠しながらマナスルに挑んでいたようだが、さすがに体調が悪くなってリタイヤしていった。

ＡＧ隊のロシア人のイワンは、ヨーロッパ隊がこのままアタックするということを聞いて、いきなりガイドの優さんに自分もアタックさせてくれと直訴しに行っていた。

優さんは、チームで予定通りに動いており、荷物も酸素ボンベもアタック用のシェルパも何もかもアタックの準備をしていないから無理だとイワンを説得したが、イワンはこれでＢＣに戻るのは無駄だと言い張っている。

最終的には、どうしてもアタックに向かいたいのであれば、ここでＡＧとイワンとの契約は終了とするしかなくて、それ以降はＡＧのサポートなしで自力でアタックするのであれば止めることはできないという話にまで発展してしまった。

しかし、イワンも酸素ボンベやテントなどの自分の装備品を持っているわけではなく、もちろん自力でアタックなどできるはずもないので、仕方なく諦めて一緒に一度ＢＣに戻ることで了解してくれた。

すると、猪熊さんがやってきて、登山隊では勝手なことはしてはいけないとイワンに怒り出した。イワンはすでに話がついて納得したのに、どうしてわざわざ蒸し返して余計なことを言ってくるのかと言い返していたが、ここでも猪熊さんは山岳部出身として玄人気取って周囲を苦笑いさせていた。

そして、みんなでＣ３方向に向けて出発し、標高６７００ｍくらいまで高度を上げてから、ＢＣまで高度を下げて戻ってきた。

## お天気おじさんの逆鱗に触れる

途中、ＢＣとＣ１の間の氷雪の壁を降りる箇所で、ちょうど登ってきた野口さんとすれ違った。何やら体調があまり優れないようだった。

この日は割と長い行程で、11時間も要した。

いつの間にか、あき社長の姿が見当たらないが、あき社長は、僕達がＣ２からＣ３に向けて高度を上げている際に、途中でリタイヤして先にＢＣに帰っていたらしい。また、かほさんも全くついてこられなくなり、他のメンバーと同じところまで高度を上げたものの下山時に大きく遅れて歩いていたので、若干足の痛みが気になる僕も合わせてその後ろを歩くようにして、ＢＣまで戻ってきた。

16日目からは数日間の休養となり、その後にサミットローテーションとなる。

休養の間もいつものように高度順応に努めた。ただこれまでの隊と違って、参加メンバーがとても仲が良くて、あき社長、バラさん、かほさんとは毎日トランプの大富豪で遊び続けていた。

他方、今井さん、イワン、猪熊さん、たまちゃんは個人行動が好きで個室のテントに籠っていることが多かった。かほさんは今井さんと猪熊さんのことを毛嫌いしており、いつも陰口を叩いていた。

猪熊さんは、気象予報士で、今回のＡＧ隊でも僕達の行動予定を決めるためにＡＧから業務委託で天気予報の業務を請け負っているようだった。そのため、参加メンバーの一人という立場でありつつも、みんなに対して自分の予報の判断に従えと言わんばかりに自分はこう考える、ああ考えるということを、いつもクドクドと語っていた。

他の参加者からすれば、決定プロセスに関心はないので、サミットローテーションに出発する日だけ的確に決めてくれれば良いし、そもそもマナスルでは世界中から多くの隊が参加しており、ＡＧより遥かに大規模で１００人くらいのクライアントを引き連れている中国隊などもあるため、そこの行程を真似すれば良いのではないかと思っていた。

それにもかかわらず、猪熊さんはみんなの前でもったいぶって天気の話ばかりしているので、僕は煩わしくなって、どうせ天気を完璧に予測することなんてできないわけなので、覚悟を持って決めてくれれば後は気合いで登るだけですよといった話をしたところ、猪熊さんの逆鱗に触れてしまったようで、素人が口を出すなと怒鳴りつけてテントに籠ってしまった。

僕も参加者の一人であり、天気予測について議論をするなら参加する権利はあるし、そうでないならみんなの前で天気の話などしなければ良いのだが、玄人気取ってみんなの前で天気話を披露するものの黙って聞いてくれというのは何とも面倒ではあったので、こうなってもやむを得ない。

また、休養期間中に、野口さんは体調が悪化し、入院するためにヘリでカトマンズに戻ってしまった。全く高度順応できていなかったようだし、肺炎が悪化して肺水腫を誘発したようだ。4度目の挑戦だったが、正直、シェルパいわくヘビースモーカーのようだし、マナスルも登れないくらいであれば高所登山は控えた方が無難ではないかと思った。

野口さん本人はBCから見える山をマナスルだと思って、のんきに下から眺めるのも良いといったSNS投稿をしていたが、実はBCからはマナスルを見ることができず、それはマナスルの手前にあるピナクルなのだ。おそらくマナスルにまともに登ったことがないから、気が付かなかったのではないかと思われる。

さておき、僕達は、9月24日からサミットローテーションに入ることになった。

## 祈りながら登るシェルパ

まずは軽くプジャをして、C1に移動した。5時間半の移動で、前回よりも隊全体の足取りが軽くなっている。寝る前のSpO2は88だった。

翌日、寝起きのSpO2は86で、C2まで移動した。

その次は、寝起き83で、4時間かけて標高6800mのC3まで移動した。

そして、いよいよアタックとなった。

9月24日夜7時にC3を出発した。僕はシェルパのテンジンとペアで、AG隊の中では半分より後ろくらいの順序でスタートしたが、前の列をどんどん抜き去り、他のチームも含めて前には誰もいない状態になりつつも登り続け、深夜1時くらいには標高7500mのC4に着いた。

ちなみに、C3とC4の間にジャパニーズガールと呼ばれる遺体が長年放置されていたが、実際にはヨーロッパ人男性であることが後に確認され、遺体は回収されたようだ。

それから、AG隊はC4で合流して水の補給などの休憩ができると聞かされていたので、C4で他の人達が追いついてくるのを1時間以上、待機していた。しかもどれがAGのテントかもわからず、テントにも入らずに吹きさらしのC4に体育座りで他のメンバーを待った。

しかし、結局誰も来ず、待ちくたびれたので再出発してサミットに向かった。

後から聞くと、当初C4で一旦集合となっていたものの伝達が不十分で、ペアによってはC4に寄らずに真っ直ぐ山頂に向かったりとバラバラに行動していたようで、僕は無駄にC4に迂回し、かつ待機時間を消費しただけだったのだ。

C4を出た後、テンジンが数歩、歩いては一時停止するというペースで進んでいるのだが、僕とテンジンは1m程度のロープで繋がっているし、僕のほんの少し前を歩くテンジンが何度も何度も急停止するため、その度に僕も彼に自分の歩調を合わせなければならず、終始歩きにくく疲れさせせられていた。

どうしてこんな歩き方をしているかと思って前に回り込んで様子を見てみたら、どうやらお祈りをしながら歩いているようだ。さらに周囲には五体投地までしている人も何人かいて、そういった人と会話をしながら一緒に歩いている。

しかもテンジンは他の隊とは違うルートを歩いているようだった。なぜなら、周囲は前にも後ろにも他の登山者がおらず、僕達の周囲にいる数人の登山者は全員お祈りをしていたからだ。

下山後にダデンディに聞くと、マナスルは精霊の山とも呼ばれており、仏教の聖地となっている山だが、テンジンは敬虔な仏教徒のため、巡礼登山のように時間をかけつつ、迂回ルートを通って登っていたのではないかとのことだった。ガイド業務をしながらそんなことをされてはクライアントが余計に大変な思いをしてしまうのだが、どうやら、今回のＡＧ隊はクライアントの数が多くて、ダデンディは知り合いのシェルパにお願いするだけでは人数が足りず、これまで一緒に仕事をしたことがないテンジンに初めて依頼をしていたので、どういう人なのかを把握していなかったようだ。

マナスル山頂にて

ＡＧ隊の中ではエベレスト登頂経験もある僕には、良し悪しのわからないシェルパでも登頂できるだろうという判断で、テンジンを僕のペアにしたようだ。

## 散々な目に遭いながら登頂

さておき、この時はよくわからないながらも、ともかくペースを乱されるのは困るので、テンジンにどうしてお祈りしながら登っているのかと聞いたところ、嫌なら勝手に先に行けとまで言われてしまい、仕方なくテンジンに合わせつつ登り進めていった。

途中、テンジンが僕の分の酸素ボンベが重いと言い出し、僕が今使っているボンベ以外の予備を置いていきたいとルート上にデポジットしようとした。すでに僕が利用中のボンベは何時間も使っているため、酸素の残量は大丈夫なのか聞いたら、テンジンは大丈夫だと言い張っている。ガイドがそう言う以上、信じるしかない。

サミットが遠目ながら見えた辺りで、他のチームのガイドとすれ違った時、たまたま僕に話しかけてくれたので、ついでに僕の酸素ボンベの残量が大丈夫か聞いてみたところ、かなり少なくて危ないと言い出した。

するとテンジンは大丈夫だと言って、僕の使用中の酸素ボンベの出力を弱めた。しかし、出力を弱めるということは残りが足りていないからだし、これからますます高度を上げていくのに酸素の出力を下げれば余計に危険度が増すのではないか。

テンジンに抗議をすると、埋めてきた予備の酸素ボンベを取りに帰ることを承諾してくれた。しかし、すでにボンベを埋めた箇所からはかなり高度を上げてきたので、そこまで戻らなければいけない。テンジンは、僕に先に一人で登っていてと言ってきたが、ボンベの残量が少なく、他に頼れる人もいない状況に一人で高度を上げるなんて危険すぎてできないと言い返し、一緒に一旦高度を下げて置いてきたボンベを取りに戻ることにした。

そんなわけで、サミットが見えている状況にもかかわらず、なぜか一度下山をして酸素ボンベを取りに往復するという無駄な行程をすることになったのだが、体力はまだまだ余っていたし、早く登頂する必要もないのでゆっくり登ろうと心を落ち着かせた。

結局、C4で無駄に待機をしたり、途中、お祈りをしながら歩いたり、よくわからないルートを歩いたり、酸素ボンベを取りに戻ったりと、散々な目に遭いながらも、無事に登頂することができた。

マナスルの山頂は、非常に急な斜面の形状となっており、リアルな山頂まで行くのは危ないため、リアルピークの近くに認定ピークを設けてそこまで登れば登頂という扱いになっていたのだが、数年前くらいから意外にリアルピークも行けることがわかり、今ではリアルピークに登らないと登頂扱いがされないようになっている。8000m峰14座の制覇を狙うような登山者は、マナスルの山頂に関する認識が変わったことから、敢えて登り直す人もいるくらいだ。

当然僕もリアルピークに登頂した。標高は8163mである。

## ガイドの職務放棄と単独下山

登頂後、下山に向かったが、テンジンは空の酸素ボンベを回収しなければいけないし、疲れたから先に言ってくれと僕は一人で下山することになった。この時点で、テンジンは僕のガイドを放棄しているような状態だった。

仕方なく一人で下山をすることにしたが、意外とルートが一つではなくC3までの戻り方がわからなくなってしまった。彷徨っているとC4に辿り着いてしまったが、本来、C4は迂回ルートなのでサミットとC3間の移動では寄らなくても良い場所だ。

また無駄なルートを通ってしまったが、さらに間違った方向に行ってしまわないように、近くにいた中国隊のガイドにお願いをして混ぜてもらい、C3まで一緒に戻ってもらうことにした。

下山を進める最中、懸垂下降の場所があり、そこではエイト環を利用する必要があったがテンジンが僕のエイト環を持ったままだったため、エイト環を使わずに腕力で無理やり降りる羽目になった。

そんなこんなでC3に戻ったのは15時くらいで、僕が無駄な行程を踏んでいる間にいつの間にか他のメンバーに抜かれ、ＡＧ隊は半分以上がＣ３に到着し、人によってはさらにＣ２やＢＣまで降っていった。

僕は、テントがいつも一緒だったあき社長が戻ってくるまで待とうと思い、Ｃ３で待機していたが、全然戻って来ず、ついに夜になってしまった。どれだけ時間がかかっているのだろうと心配だったが、どうすることもできずにＣ３でそのまま眠りについた。

翌朝、あき社長はまだ戻ってきておらず、何かトラブルでもあったのかと思ったが、ひとまず僕はＢＣまで下山することにした。この日のうちにあき社長以外は全員ＢＣに揃ったが、あき社長は結局さらに翌日の午後にＢＣに戻ってきた。

聞くと、登頂に時間がかかりすぎて、アタックの後はＣ４で他人のテントで無理やり寝たようだ。さらに下山中にダウンを風で飛ばしてしまい、食料も尽きかけた中、他の隊に食料を恵んでもらいながら、ボロボロになってＢＣまで辿り着いたようだった。

ちなみに猪熊さんは、ここでもあき社長の話を聞いて、ヒマラヤは危険だから、ダウンを飛ばしたなんて問題外だ、そんなことがあればすぐに下山しなければならないと小言を言っていたが、あき社長がダウンを飛ばしたのはまさに下山中だったのであって、せっかくＢＣに生還したのに水を差さなくても良いのにと、また周囲のメンバーが苦笑いしていた。

さておき、ひとまず全員がマナスルに登頂して下山することができてよかった。マナスルでの登山は、これまでの登山隊とは違って登山そのものよりも参加メンバー同士での人間模様が多くて面白かった。そのため、本稿でも登山そのものよりも参加者同士のやり取りを詳細に記してみた。

## 「キラーマウンテン」アンナプルナに挑戦

2023年9月にマナスルに登頂したが、2024年からは8000m峰の14座に挑戦していこうと思った。これは日本人では過去には竹内洋岳さんしか達成していない記録で、また、日本人の1年間での8000m峰の登頂数記録は渡邊直子さんの6座だった。

そのため、まずは春に挑戦可能なネパール中国エリアのアンナプルナ、ダウラギリ、カンチェンジュンガ、エベレスト、ローツェ、マカルーの6座に一気に登ろうと思った。エベレストは一度登っているが、ローツェに行くならついでにエベレストにも再度登りたかったし、これで年間6座の記録に並ぶこともできる。

結局、登山が好きなのかそうではないのかよくわからないが、漠然と刺激を増やしていけば、以前から感じている欠乏感を埋めることに繋がるのではないかと何となく期待していた。

2024年3月にまずはアンナプルナから挑戦しようと再びカトマンズに入り、そこから国内線でポカラに移動した。ポカラに来るのは大学卒業時のバックパッカー以来、20年ぶりだ。

今回からの登山は、新しい高所履で臨むため、そのことにはとてもワクワクしていた。

僕は長年同じ高所履を履き続けてきたが、ずっと足の型に合っていなくて、足にテーピングを巻き付けた上で紐を結ばずに履くという形で騙し騙し利用してきて、全力を出せていなかった。しかし、少し前にパリに遊びに行った際、現地で新型の高所履を購入してきたのだ。古い型の高所履と比べて遥かに柔らかくて軽くて、「空でも飛べるんじゃないか」と、その時はそんな気持ちを抱いたのだが……。

僕は、ポカラからバスで標高１５００mのダーナという村まで5時間かけて移動し、翌日からBCに向けてトレッキングをした。ダーナ村から2時間半、車で移動し、標高３０００mの登山口からトレッキング開始である。

ルートはエベレスト街道に似たようなトレッキングで、5時間半で標高４２００mのBCに到着。僕のシェルパはチェリンというまだ20代の若くて元気な男性で、シェルパでももっと時間がかかる道をこの短時間で移動できたのはめちゃくちゃ強くて速いと喜んでくれた。

アンナプルナはこれまで僕が登ってきた山に比べると人気度は低く、BCに滞在している登山者やシェルパを全員合わせても１００名くらいの規模だ。

アンナプルナは山の形状として雪崩が発生しやすい箇所を通過しなければならず、過去にも多数の死者が出ており、８０００m峰14座の中でも最も死者率が高く、キラーマウンテンとまで呼ばれている。２０１０年頃までは3人登頂するごとに1人死亡するぐらいの割合だったらしく、２０１４年にも43人が死亡するネパール登山史上最悪の事故も起きている。

僕はこの時独身で、再び欠乏感を覚える日々を過ごしていたため、いつ何があっても構わないという気持ちでアンナプルナに臨んでいた。

現に、ＢＣに着いた翌日、ＢＣから見える場所で巨大な雪崩が発生していた。ルート上ではなかったが、目にした規模の雪崩を受ければひとたまりもないだろう。雪崩とは遠目から見るとやわらかいガスに包まれているだけのように見えるが、実際に飲み込まれれば中では石や氷が散弾銃のように飛んでくるし、一気に冷気で冷やされ、息もできなくなって、即死するほどのダメージを負う。

でも、その時はその時だと思って、もちろん登山は続行した。

## 高所履が合わずに撤退

翌日にはＣ１手前でアイゼンを装着しなくても良い地点まで往復した。標高４５００ｍくらいだ。ＢＣに戻ってきてバイタル測定したらSpO2は98で絶好調だった。

さらに翌日、Ｃ１までタッチの往復をしようと登り進め、途中で新しい高所履にアイゼンも装着して氷河帯を進んで行った。

しかし、新しい高所履が足に全く合わずに痛すぎて途中で歩けなくなってしまった。

実は高所履を購入してから、日本で何度か試し履きをしたが、その時も痛くて全然歩けなかったのだが、靴が履き慣れていないだけだと思い込むようにして、いざ現地に入れば何とでもなると思っていたが、全く歩けなかった。

仕方なく、テーピングをぐるぐる巻きにしたが、全く無理で、どうにもならなかった。聞くと、新しいタイプの高所履に合わない人は多数続出しているようで、シェルパも足が痛い痛いと言っているようだ。

新しい高所履で登山をするのが凄く楽しみだったのに、一気にモチベーションが下がってしまった。

古いタイプの靴は、マナスル登頂後にダデンディの会社に寄付してしまい手元にはなく、新しい高所履ではどうにも登ることができず、早々とリタイヤするしかなかった。

本当は、アンナプルナに登った後、ダウラギリ、カンチェンジュンガとヘリ移動を使って一気に登っていく予定だったが、全てキャンセルして日本に帰国することにした。

高所履が合わなかったこともあるが、内心、そもそも登山に飽きているにもかかわらず、人生の欠乏感を埋めるために無理やり８０００m峰14座への挑戦を掲げたものの、そんなものには初めからモチベーションが湧いていなかっただけなのだと思う。

## 二度目のエベレストとローツェ

僕はアンナプルナを撤退して、その後の高所登山もまとめてキャンセルしたかったのだが、AGに申し込んでいた契約の都合で、エベレストとローツェについてはキャンセル不可だったため続行することにした。それ以外の山については、ダデンディに直接申し込んでおり、キャンセルさせてもらえた。

高所履の問題は、ダデンディの会社に寄付した古い高所履が残っていたことから、それを戻してもらって履くことにした。

そして2024年4月に再びカトマンズに戻った。

AG隊の僕以外の参加者は、すでにエベレスト街道をスタートしてトレッキングルートを登っているが、僕はアンナプルナで多少の高度順応が進んでいたことから、カトマンズからルクラを経由して、一気にヘリでBCに入ることとなっていた。

僕はカトマンズに入国して、まずはタメル地区にあるAG隊が毎回利用しているフジホテルに向かった。すると、AG隊のエベレストサミットチームに参加しているはずの今井さん、イワン、猪熊さん、三戸路さんと医師の男性がいた。今井さん、イワン、猪熊さんはマナスルでも一緒だったメンバーで、三戸路さんは山岳カメラマンとして有名で、日本テレビ系「世界の果てまでイッテQ!」でもカメラクルーとして参加している。

このうち、今井さんは僕と同じくエベレスト街道をスキップして直接BCにヘリで入るため僕と同じタイミングでカトマンズに来ていただけだが、他の4人は一度エベレスト街道をスタートしたものの途中で体調が悪くなって入院するためにカトマンズに戻ってきたようだ。2018年の時と違って、コロナが流行っているし、感染病にかかっていないかも確認する必要があるからだそうだ。

さて、僕と今井さんは翌日からルクラに移動した。そういえば、以前、エベレスト街道にペリチェという村があり、その近くには日本人が設立した診療所があるという話をしたが、実はその診療所を建てたのが今井さんのお父さんなのだ。

そして、エベレスト街道に入った初日は僕と今井さんはルクラで高度順応のための軽いトレッキングをし、2日目にはヘリでロブチェ村に移動し、さらに3日目にヘリでBCに入った。

僕はこの頃、東京都第15区の補欠選挙に立候補しており、リモートで街頭演説ならぬエベレスト街道演説もした。

BCでは、AG隊で先に到着していた近藤さん、あき社長、ヒデさんと合流した。ヒデさんは京都大学出身のエンジニアで、あき社長やかほさんと一緒にAG隊でアコンカグアに登ったメンバーのようだ。

あき社長と久しぶりの再会で会話が弾んだが、あき社長はマナスルではあんなに遅くてヘロヘロだったのに、エベレスト街道は楽勝でロブチェも軽々と登ってきたらしい。ただ一方、後に別の日本人でロブチェに登った女性は、フィックスロープが切れて滑落してしまい、大怪我を負ったようで、ロブチェであっても決して油断できない山だ。

## 甘くなった管理

4日目以降は、高度順応とカトマンズに戻っているメンバーが復帰するのを待ちつつ、しばらくBCで休養日となった。

休養期間中は、今回のAG隊で上下のフルダウンを提供してくれているコロンビアの撮影に協力したり、BC周辺の小さな山にトレッキングに行ったりしていた。

そして、BCから氷河帯を登っていく練習として、BCの正面にある氷雪の壁でアイスクライミングをすることになったが、ここであき社長が大腿部を変に締め付けてしまい、坐骨神経痛を発症していきなりリタイヤとなってしまった。事故後、あき社長はキャンプ地でサンダルを履いていたが、歩いている最中にうっかり脱げてしまっても気が付かずにそのまま裸足で岩の上を歩いてしまうくらい足の感覚がなくなっており、重症だった。やむなくヘリでカトマンズまで下山し、そのまま帰国となってしまった。

ムードメーカーだったあき社長がリタイヤとなってしまったのは非常に残念だが、僕達は気を取り直して、高度順応のためにBCより上のキャンプ地に移動していった。

まずは、BCからC1への移動だが、2018年のシーズンと異なって、フィックスロープの張り方として、極力ハシゴの数を減らそうとしたのか、ぐにゃぐにゃと氷河帯を行ったり来たりするルートが採用されており、12時間半もかかってしまった。

C1からC2は前回と同様、数時間程度の移動だが、前回と違って、ビル何階分にも相当するような氷雪の壁や、ハシゴが必要なクレバスは一つもなく、ほぼ平坦な道になっていた。

そして、C2からローツェフェイスの下までタッチしてBCに戻るという行程で高度順応を行なった。

この頃、メンバーの大半はやはり体調が悪く、特に高熱や咳に悩まされている人が半分以上いた。完全に元気なのは、僕とヒデさんと今井さんくらいだった。

AG隊による管理も甘く、体調の良い人と悪い人を区別せずに同じテントをペアで利用させており、無駄に感染が蔓延しかねない体制を平気で取っていた。また2018年に近藤さんがしていたような、毎日のSpO2や水分量や排尿量のチェックもしていないし、アルコール消毒も徹底していないし、小まめに水を飲もうといった声掛けもしなくなっていた。

近藤さんは持病のこともあって、今年が最後のエベレスト登頂の予定のようで、来年以降はエベレスト遠征に参加してもBCマネージャーに留まるようだが、すでに気が抜けていて、以前のような徹底したサポートはしなくなっていた。

さておき、BCに戻ってからは、前回と同様、一度町までヘリで高度を下げることになり、みんなでルクラに飛んだ。ただ、医師の男性だけは高度順応が全く進まず、これ以上は難しいと自己判断して帰国することになった。残りのメンバーは、ルクラで数日休養した後、BCに戻ったら次はサミットローテーションとなる。

今回の隊は、猪熊さん以外は全員エベレストとローツェを縦走するプランで申し込みをしているが、僕はすでにエベレストに登っているため、他のメンバーと違ってローツェを優先にしようと思っていた。そのため、体力温存的に先にローツェに登ってからエベレストに二度目の挑戦をすることになった。他のメンバーは前回の僕と同じくエベレストに登ってからローツェだ。

## ローツェにアタック

さて、予報では2018年と同じく5月20日がアタックに良さそうということがわかり、AG隊はこの日にエベレストにアタックできるように日程を組んだ。ただ、僕は19日にローツェに登頂してから20日エベレストにアタックとなるので、他のメンバーよりも1日早くBCを出てサミットローテーションに入った。逆に他のメンバーは20日にエベレスト登頂後、21日にローツェにアタックしてC2まで降りる予定だ。

世界4位のローツェ登頂に成功

順調に高度を上げ、ローツェのC4まで来た。ローツェのC4はローツェフェイスを真っ直ぐ登り、ローツェ方向とエベレスト方向の分岐点となる標高7700m辺りに設営する。

5月19日の深夜1時、ローツェのアタックのために目覚めて準備を始めた。

食事をして服装を整えて、テントの外に出ようとテントのチャックを開けた。すると、闇の中に猛吹雪が見えた。横殴りの突風で、数十メートル前は何も見えないような視界で、今いる地点ですら7700mなのに、ここからさらに真っ暗闇の悪天候の中で高度を上げていくなんて、本当に死にに行くようなものではないかとすら思えた。

しかし、アンナプルナでもペアを組

んだシェルパのチェリンは、朝6時くらいには悪天候が収まる予報だと言っており、僕達はそれだけを信じてテントを飛び出した。もし吹雪が収まるどころかさらに荒れるようなことがあれば、まともに歩けなくなってしまう恐れすらある。

ただ、これこそが僕の求めていた刺激的なワクワクなのかもしれない。

そのまま、僕は必死にローツェフェイスを登り続け、ほぼ休むこともなく、視界もほぼ見えないままフィックスロープだけを頼りに暗闇を歩き続けた。

やがて、少しずつ夜が明け、日の出と共に周囲が見渡せるようになると共に、吹雪がいつの間にか収まってくれた。

途中、2018年にローツェにアタックしつつも撤退した場所を通過したが、頂上までは本当に2時間もないくらいの場所だったようだ。

結局、ほぼノンストップで歩き続けて、午前10時頃に無事、世界4位の標高8516mのローツェに登頂することができた。これで8000m峰は3座目の登頂となる。山頂には2018年時にもあった遺体が長年放置されていたようだが、僕が登頂した1週間前くらいに撤去されたようだった。

## 一睡もしないままエベレストにアタック

登頂後は同じ道をひたすら降り、12時過ぎにローツェのC4に戻ってくることができた。ここで軽くランチをして、すぐさまエベレストのC4がある標高7900mのサウスコルに向かうが、渋滞が凄まじくなかなか進まない。明日のアタックでも同じ程度の渋滞があったらかなり苦戦するだろうと思われる。

午後4時半にC4に到着した。僕以外の他のメンバーは今日、C3からC4に移動してきており、すでに到着していたが、僕用のテントがどこにあるのか見当たらない。

チェリンに確認してもらうと、AG隊の他のメンバーとは離れた別の場所に僕とチェリン用のテントが設営してあったが、なんとチェリンが勝手に友人に貸し出ししており、僕がテントに到着時には誰かが使用中だった。そういえば、チェリンはローツェ登頂後にローツェC4に戻った際、そこからエベレストアタックをしようと言っていた。ローツェC4とエベレストC4の移動だけでも何時間もかかり、さらにローツェC4を拠点に荷物を置いていると、エベレスト登頂後もローツェC4まで戻ってこないといけなくなる。ただただ大変すぎるだけだから、きちんとエベレストC4に移動してそこからアタックさせて欲しいと言って移動してきたのだが、チェリンはエベレストC4にあるテントを友人に貸し出ししていたから、そんな無謀な提

6年ぶりのエベレストの頂は観光地と化していた…

案をしていたのだろうと思う。もしかしたら、レンタル料でも取っていたのかもしれない。

ともかく、こんな高度のところで、本来使えるはずのテントが他人に占拠されていてすぐに休むこともできず、エベレストのアタック開始まで時間もなく、ドタバタの状態だ。さらに、占拠者の追い出しに時間を取っているうちに、いつの間にか使用中の酸素ボンベが空になっており、酸欠で倒れそうになった。

しかし、起きてしまったことを憂いても仕方がない。全ての客観的な諸条件を前提にやり切れば良いだけだと、腹を括って気合を入れ直した。

結局、僕は一睡もしないまま午後8時にエベレストのアタックを開始した。

ルートは2018年と全く同じだが、渋滞が予想されるため、全員、酸素ボンベを一本追加してもらって4本でアタックすることになった。時間あたりの酸素の使用量は同じだが、途中渋滞にはまってデスゾーンの滞在時間が長くなりすぎると酸素切れの心配があるからだ。それだけシェルパが予備の酸素ボンベを運ぶ本数が増えるが、酸素ボンベの軽量化が進んでおり、2018年に利用したボンベの半分の軽さだった。

前回よりも登山中に余裕があり、周囲の景色や他の登山者の様子を楽しみながら歩くことができた。かなり余裕をもって、午前7時過ぎに無事に登頂。途中、やはり渋滞が酷かったが、全く動けないような状況にはならず、進むペースがやや遅いという程度だった。

## 高所で出会った多くの遺体を見て……

山頂ではAG隊のメンバーで割と長い時間ゆっくりしていた。30分から1時間くらいは滞在したかもしれない。

それから下山しようと思ったら、ヒラリーステップの手前のルートが崩落して道がなくなってしまっていた。山頂にいる登山者が取り残されてしまうような状態だが、急遽シェルパ達が道を削ってルートを作り直してもらった。突貫のボロボロで脆《もろ》いルートだが、何とか通過することができた。

ちなみに、崩落した瞬間、日本人エベレスト最多登頂記録を持っている倉岡裕之さんが巻き込まれ、フィックスロープにハーネスから命綱用のロープを繋いでいたおかげで宙吊りになって一命を取り留めたらしい。逆に、すぐ横にいた他の登山者2人はフィックスロープを頼っていなかったいせいで、そのまま滑落して亡くなってしまったようだ。高度８８００ｍの険しい崖で滑落してしまえば、なかなか助かりようがないし、滑落ポイントで生存していても正常なルート上に戻ってくるのは至難だろうと思われる。

また、ヒラリーステップを超えた辺りのルートの脇には、遺体が見える形で放置されていた。後からネットで確認すると、ＴｉｋＴｏｋなどでも度々拡散されている遺体であることがわかったが、シェルパに確認すると5年前くらいからのもののようだ。２０１８年の時には気がつかなかった。

今回のアタックでは、ルートから見える位置にある遺体は計4体あったようだが、僕が実際に目にしたのはこの1体だけだ。長い行程で、足元に注視して前だけを向いて歩いていると、ルートからわずか数メートルでも離れた場所に放置されている遺体でさえ意外と気がつかないものだ。

リアルの遺体を目にして、改めて山の現実的な怖さを思い知らされる。

ＡＧ隊は、幸い全員が予定していた山に登頂してＢＣまで戻ってくることができた。それぞれに様々な傷を負い、苦しみ抜いた成果を噛み締めつつ、全員の生還を祝った。僕も二夜連続のアタックで、5月19日の深夜2時半から翌20日の午後1時頃にＣ４に戻ってくるまで、ほぼ休みなしに気合いで歩き切った。

## 登山が僕に教えてくれたこと

2018年のエベレスト登頂の際に、どれだけの客観的な困難があっても、それを上回る主観的な覚悟があれば、何も恐怖や大変さは感じないという話をしたが、今回は単に主観的な覚悟だけではなく、それが前回の経験に裏打ちされた確固たるものであるため、一層余裕を持ってやり遂げることができた。

だからこそ、やはり逆説的ながら二度目のエベレスト登頂による感動は少なかったように感じた。客観的にどれだけ困難なことであっても、主観的には楽に感じてしまうからだ。

ただ、現にルート上に放置されている遺体を目にしたり、山頂の手前で自分が通過したルートがそのすぐ後に崩落して2人が亡くなっていたりと、エベレストを登頂することによる客観的リスクは前回も今回も変わらず大きい。

それなのに刺激には慣れてしまうし、それを上回る経験や覚悟が伴うことで、得られる体感や感情は減退してしまう。

僕は、人生におけるある種の欠乏感から、刺激を求めて登山を始め、セブンサミッツや二度のエベレスト登頂を果たしたが、このような刺激は経験と共に減ってしまった。人生の中で刺激を求めることを続けようにも、刺激の価値は相対的に減ってしまい、いつかその楽しみは尽きてしまうだろう。それすらも無理やり乗り越えようと思えば、さらに本当にいつか死んでしまうような過大なリスクを追い求めるしかないだろう。2024年は、日本人登山家として屈指の実力、知名度を誇る平出和也さんと中島健郎さんがK2で滑落事故に遭って亡くなり、また、エベレスト5回登頂の平岡竜石さんもパキスタンのスパンティークという山で亡くなられてしまったが、いつか僕も同じ運命を辿るだろう。

僕は、これまで素人ながら様々な山に登り、リスクと引き換えにある種の強さとして、過酷な客観的な諸条件を乗り越える覚悟や忍耐力を培うことができたかもしれない。しかし、その分、刺激を求める人生への絶望を確実に感じ取っていった。

刺激を追い求めた結果、本当に人生を豊かに幸せにしてくれるのは、そんな非日常の体験ではなく、どこにでもあるありふれた日常の中にあるのではないかと思うようになった。

思えば僕は、生まれてからこれまで他人とは異なる行動ばかりをし、それでも大袈裟に言えば自分のタレント性のようなもので成果を出しつつ、周囲に応援してもらい、好き勝手に生きてくることができた。

しかし、そんな独りで完結するような人生は行き止まりだ。

そう気づかせてくれたのも厳しい山という自然だったのかもしれない。

僕は、二度目のエベレスト登頂により、登山に刺激を求めることに対する絶望を感じ、それにより身近な楽しみや幸せへの価値に気づき、これを大切にしようと心から思えるようなきっ

特別でない人生に何も不安はない

かけとなってくれた。

僕はエベレスト下山後、友人で「あいのり」という番組で有名になったクロちゃんの紹介で今の伴侶に出会い、結婚の縁にも恵まれることができた。

もし僕が二度のエベレスト登頂により、刺激を求める人生に絶望を感じていなければ、せっかくの縁を無駄にし、いまだに一人で何かと戦うような日々を探してしまっていたかもしれない。

結婚相手との生活を大切にできずに、時間を見つけては一人で刺激探しの旅を続けていたかもしれない。

でも、今は堂々と普通の生活から得られる普通の幸せを大切にすることができる。

特別でない人生に何も不安はない。

そんな中で、今後も1日1日を大切にし、いろんなものに偏見なく好奇心を持って愛する人と共に身近なものに取り組むことを繰り返していくことで、また何か熱く熱中できるものに出会うこともあるだろう。単純な刺激を求めること以外に。

登山は、僕に刺激への興奮と、刺激を求める絶望をどちらも教えてくれた。自然と戦ったからこそ得られる地上での平穏な幸せを抱いて、僕はこれからも生きていきたい。

PROFILE

# 福永活也

ふくなが・かつや

弁護士・実業家・冒険家・YouTuber。名古屋工業大学を卒業後、24歳までフリーターとして過ごす。その後、関西大学法科大学院を経て、27歳の時に司法試験に一発合格。弁護士として働き始め、5年目にして独立。独立1年目から2年連続して弁護士業のみで年収5億円を突破し、「日本一稼ぐ弁護士※」となる。ほかにも、約180か国放浪、三つ星145店全制覇、不動産投資、YouTuber・MENSA・選挙出馬等、幅広く活動。冒険家として、エベレスト2回登頂を含む世界七大陸最高峰を制覇。2025年1月23日に結婚。

著書に『日本一稼ぐ弁護士の仕事術』『バカと前向きに付き合う』(以上クロスメディア・パブリッシング)、『日本一稼ぐ弁護士の最強メンタル　お金と自由を手に入れて人生を劇的に変える方法』(清談社Publico)。

YouTube、X、Instagramはいずれも@fukunagakatsuya

※ 2014・15年度国税庁統計年報所得種類別人員における主たる収入が「弁護士」の区分で最も高いレンジである課税所得5～10億円に入る。

著者撮影

水野嘉之

book design

HOLON

# 億万長者の散財術
## 日本一稼ぐ弁護士のエベレスト登頂自伝

第1刷　2025年2月28日

著者
福永活也

発行者
小宮英行

発行所
株式会社徳間書店
〒141-8202 東京都品川区上大崎3-1-1 目黒セントラルスクエア
電話　編集(03)5403-4344 ／ 販売(049)293-5521
振替　00140-0-44392

印刷・製本
株式会社広済堂ネクスト


ISBN 978-4-19-865946-2

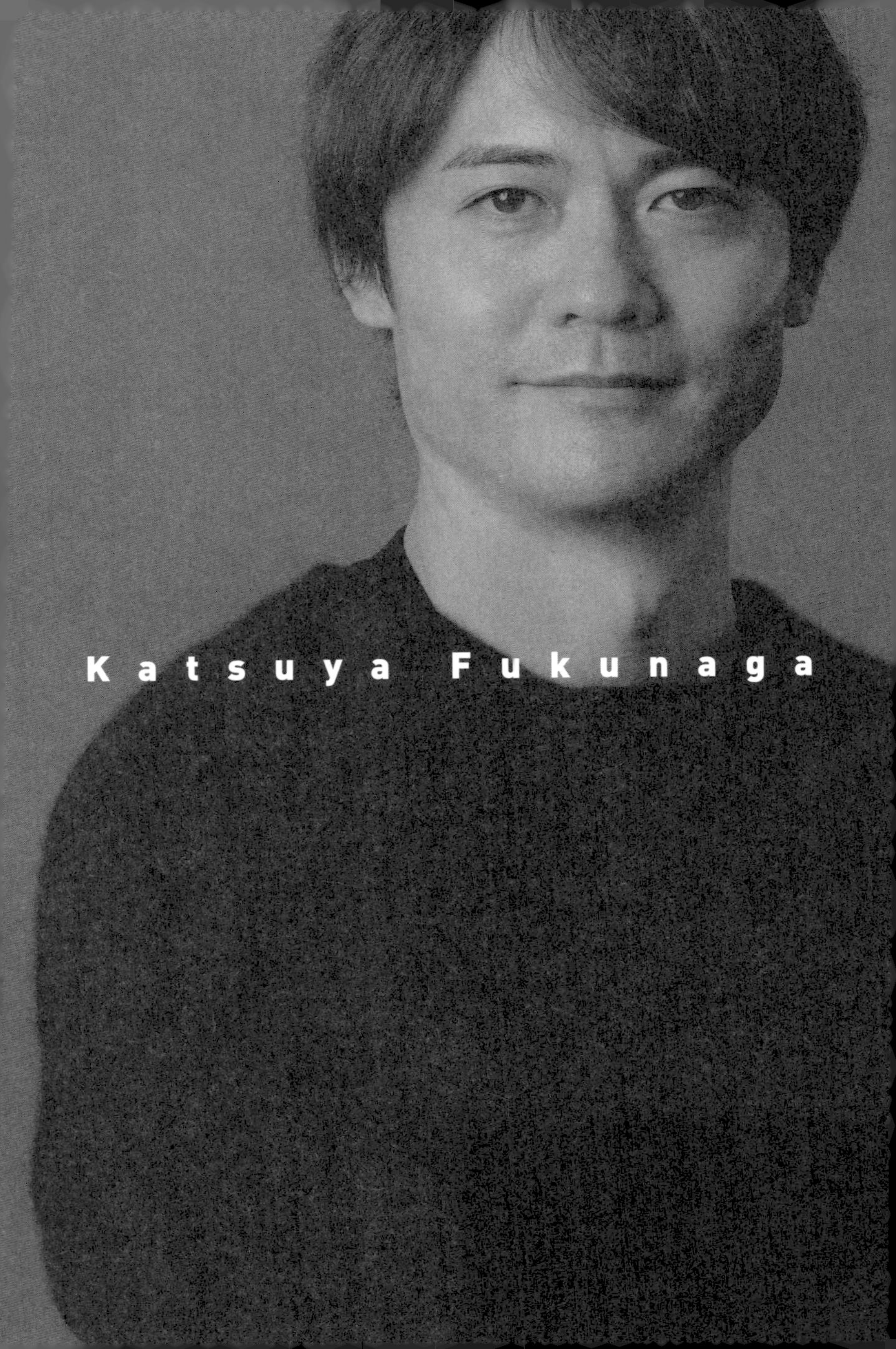
Katsuya Fukunaga